JUAN
El evangelio de la fe

Everett F. Harrison

EDITORIAL PORTAVOZ

Título del original: *John: The Gospel of Faith*, de Everett
F. Harrison. Editado por Moody Press, copyright © 1962,
por Moody Bible Institute, Chicago, Illinois.

Edición en castellano: *Juan: El evangelio de la fe*,
copyright © 1995, por Editorial Portavoz, filial de Kregel
Publications, Grand Rapids, Michigan 49501. Todos los
derechos reservados.

Traducción: Santiago Escuain
Portada: Alan G. Hartman

EDITORIAL PORTAVOZ
Kregel Publications
P. O. Box 2607
Grand Rapids, Michigan 49501

ISBN: 0-8254-1304-4

2 3 4 5 6 edición / año 99 98 97 96 95

CONTENIDO

Comentario Bíblico Portavoz

Panorama del Antiguo Testamento, Paul N. Benware

Génesis, Howard F. Vos

Números: *Viaje a la tierra de reposo*, Irving L. Jensen

Deuteronomio: *El evangelio del amor*, Samuel J. Schultz

Josué: *La tierra de reposo, conquistada*, Irving L. Jensen

Jueces y Rut, Arthur H. Lewis

Primero y Segundo de Samuel, J. C. Laney

Primero y Segundo de Reyes, Richard I. McNeely

Primero y Segundo de Crónicas, John Sailhamer

Ester: *El triunfo de la soberanía de Dios*, John C. Whitcomb

Job, Roy B. Zuck

Proverbios, Irving L. Jensen

Eclesiastés: *La vida total*, Walter C. Kaiser

Isaías: *La salvación del Señor*, Alfred Martin

Jeremías y Lamentaciones, Irving L. Jensen

Ezequiel, Ralph Alexander

Daniel, John C. Whitcomb

Nahúm, Sofonías, Habacuc, Hobart E. Freeman

Hageo y Malaquías: *Rededicación y renovación*, Herbert Wolf

Panorama del Nuevo Testamento, Paul N. Benware

Mateo, Arthur Robertson

Marcos, Ralph Earle

Lucas, Paul N. Benware

Juan: *El evangelio de la fe*, Everett F. Harrison

Los Hechos de los Apóstoles, Charles C. Ryrie

Gálatas: *Una llamada a la libertad cristiana*, Howard F. Vos

Efesios: *La gloria de la Iglesia*, Homer A. Kent, Jr.

Filipenses: *Triunfo en Cristo*, John F. Walvoord

Colosenses: *Cristo, todo-suficiente*, Everett F. Harrison

Primera y Segunda Tesalonicenses, Charles C. Ryrie

Primera y Segunda Timoteo, D. Edmond Hiebert

Tito y Filemón, D. Edmond Hiebert

Hebreos, Charles F. Pfeiffer

Primera y Segunda Pedro, Louis A. Barbieri

Las Epístolas de Juan, Donald Burdick

Judas: *Los hechos de los apóstatas*, S. Maxwell Coder

Apocalipsis, Charles C. Ryrie

PREFACIO

Se debe dar una explicación al lector, con respecto a la naturaleza del tratamiento del Cuarto Evangelio, que estas páginas contienen.

El objetivo ha sido el de dar el pensamiento esencial de cada sección, en lugar de extraer lecciones que pueden sugerirse por sí mismas. No se ha pretendido dar nada en plan de ilustración y casi nada en el área de la aplicación.

Se verá claramente, entonces, que si el lector ha de aprovecharse del enfoque que aquí se da, deberá, necesariamente, tener ante sí el texto del Evangelio conforme va adelantando en la lectura.

EVERETT F. HARRISON

1

INTRODUCCIÓN

DE TODOS LOS LIBROS del Nuevo Testamento, el que ha atraído mayor atención y adhesión devocional es el Evangelio según Juan. El erudito lo estudiará principalmente a causa de los problemas que presenta, y el creyente normal debido a su poder para alimentar el alma, pero, en cada caso, el Evangelio continúa siendo el centro de la atención.

Bien va recordar que se trata de un Evangelio. Que es un escrito hecho deliberadamente para exponer el mensaje salvador de la fe cristiana, centrado en la persona histórica de Jesús de Nazaret. No se trata, como tampoco los otros evangelios, de una vida de Cristo. De hecho, aún menos que los otros, porque los movimientos de Jesús son aún menos aquí y los eventos reales mucho más limitados.

Se pueden recordar algunas de las principales características del Evangelio. En todas partes se enfatiza, de forma repetida, la persona de Cristo como el Hijo de Dios. Desde el principio, se presenta Su relación con el Padre, y en seguida se pone delante del lector la gran verdad acerca de Su encarnación. Unos pocos milagros, entresacados de entre muchos, puntean las páginas de la narración y, por lo general, están fuertemente relacionados con el discurso de nuestro Señor, que tiene siempre algo que ver con el milagro. Esta disposición enfatiza la verdad de que la revelación se manifiesta, a la vez, por el hecho y por la palabra. Ambos contribuyen a la conclusión de que Jesús es el Cristo, el Hijo de Dios. Pero el escrito no es meramente factual; es abiertamente evangelístico. El escrito presiona para conseguir un veredicto: creer en el Hijo da vida eterna. La consecuencia de rehusar creer queda descrita igual de claramente: rechazar a Cristo es perecer.

Una característica fuertemente acentuada, es la terca oposición a las afirmaciones de Jesús por parte de las autoridades judías. Tienen amplia oportunidad de oírle y de conocer las señales que realiza, pero, por varias razones, no responden. Una vez se autoconvencen de que El es un blasfemo, un mero hombre pretendiendo ser el Hijo de Dios, sus ojos y oídos se cierran a la evidencia. Esto es aún más digno de lástima, en vista de la vaciedad del sistema religioso al que se hallan entregados, y el escritor se esfuerza en exponer esta vaciedad en varios puntos de la narración.

Aquellos que ven también en este Evangelio una polémica contra el gnosticismo, es probable que estén en lo cierto. Este sistema de pensamiento no podía tolerar la idea de la encarnación, y tenía la verdad de la humanidad de nuestro Señor por inaceptable. Juan contesta, poniendo el acento sobre la «carne» del Hijo del hombre.

El discurso más largo del Evangelio trata de la enseñanza de Jesús a los discípulos en el Aposento Alto. Nada de este tipo aparece en los otros evangelios. Aquí se anticipa la vida de la Iglesia y se enuncian los recursos divinos de la misma. Está presente una nota de dolor y de ternura en todo el discurso, ante la inminente separación del Señor y los Suyos.

En la Iglesia primitiva, por lo menos un escritor lo caracterizó como el Evangelio «espiritual». Esta postura se podría defender desde el punto de vista de su preocupación por la verdad espiritual, y también por el hecho de que se le da tanto lugar al Espíritu Santo. Verdaderamente, hay un tipo de pensamiento que puede ser designado como juanino, y puede ser llamado espiritual de manera justificada, incluso a pesar de que difícilmente se podría definir de una manera más estrecha y exacta.

Una de las características más evidentes del cuarto evangelio es su disparidad, casi total, con los sinópticos (Mateo, Marcos, Lucas). Cierto es que ensalza a la misma Persona, y que incluye algunos de los mismos eventos, especialmente los de pasión y resurrección, pero mucho del material es singular. El centro del ministerio es Judea, en vez de Galilea. La enseñanza de Jesús está principalmente constituida por discursos centrados en Sí mismo, en vez de mensajes a las multitudes, salpicados de parábolas, que tanto abundan en los sinópticos. Se localiza la purificación del templo al principio de Su ministerio, en lugar de al final, como es el caso de los sinópticos. No necesitamos ver aquí una contradicción, si podemos hallar lugar para dos purificaciones, como parece que sucedió. Hay un problema espinoso con la cronología. Mientras que los sinópticos parecen situar la muerte de Jesús en la Pascua, Juan parece situarla el día anterior a la Pascua. Un estudio reciente puede dar respuesta a este problema. Massey H. Shepherd, Jr., cree que los judíos de la diáspora estaban obligados a operar con un calendario fijo para la determinación de la fecha de las fiestas judías, mientras que los judíos en Palestina dependían de la observación de la luna nueva. Además, llega a la conclusión de que, en el año de la muerte de nuestro Señor (30 d.C.), los judíos palestinos observaron la pascua en sábado, y el escrito del cuarto evangelio, que evidentemente está familiarizado con la tradición del judaísmo palestino, sigue esta cronología, mientras que los sinoptistas, que escriben desde el punto de vista del judaísmo de la diáspora, reproducen la práctica de los judíos fuera de Israel, que observaron la Pascua de aquel año en viernes. El artículo de Shepherd, «Are Both the Synoptics and John Correct About the Date of Jesús' Death?» (¿Están Juan y los sinópticos simultáneamente en lo cierto con respecto a la fecha de la muerte de Jesús?) aparece en el *Journal of Biblical Lit-terature*, junio de 1961, pp. 123-132.

Aunque el Evangelio mismo no nos dice abierta-mente quién es el escritor, vemos, por el capítulo 21, que se trataba de uno que se hallaba en el círculo apos-tólico, y que era amigo íntimo de Simón Pedro. Juan, el hijo de Zebedeo, cumple estos requisitos. Además, el testimonio de los Padres de la Iglesia es explícito a este respecto. Nada de lo que aduce la erudición mo-derna puede imposibilitar esta identificación, aunque haya muchos que favorezcan que fue un discípulo de Juan el que realmente escribió el Evangelio, incorpo-rando en él los pensamientos y enseñanzas de su maestro.

Estudios recientes hacen probable que el Evangelio fuera escrito en Efeso, en una época perteneciente al último cuarto del primer siglo de cristianismo, y diri-gido principalmente a los judíos de la diáspora, pero también atento a las necesidades de todas las perso-nas y a la plena suficiencia de Cristo, el Hijo de Dios, para suplirlas.

2

BOSQUEJO

I. Prólogo (1:1-18).

II. El testimonio del Hijo de Dios al mundo (1:19 — 12:50).

  1. El testimonio introductorio de Juan (1:19-34).

  2. El testimonio a los futuros discípulos (1:35-51).

  3. El testimonio en las bodas de Caná (2:1-12).

  4. El testimonio en la purificación del templo (2:13-25).

  5. El testimonio a Nicodemo (3:1-21).

  6. El testimonio final de Juan el Bautista sobre Jesús (3:22-36).

  7. El testimonio en Samaria (4:1-42).

  8. El testimonio en Galilea mediante la curación del hijo del oficial de rey (4:43-54).

  9. El testimonio de la curación del paralítico (5:1-16).

  10. El testimonio de la autoridad de Jesús (5:17-47).

  11. El testimonio del Pan de Vida (6:1-71).

  12. El testimonio en la Fiesta de los Tabernáculos (7:1-53).

  13. El testimonio de un Salvador Amante y Perdonador (8:1-11).

  14. El testimonio del «Yo Soy» (8:12-59).

  15. El testimonio de la Luz del Mundo (9:1-41).

  16. El testimonio del Buen Pastor (10:1-42).

  17. El testimonio de la resurrección de Lázaro (11:1-57).

  18. El testimonio de María de Betania (12:1-11).

  19. El testimonio del Domingo de Ramos (12:12-19).

  20. El testimonio de Jesús a la sombra de la Cruz (12:20-50).

3

PRÓLOGO

(1:1-18)

ESTE EVANGELIO, como los demás, es un mensaje acerca de Jesucristo. Excepto Lucas, todos los evangelios le mencionan en el primer versículo de sus relatos. El título de Juan para el Gran Tema es especial y singular. *Verbo* es un intento de traducir Logos, que tiene una variedad de significados, incluyendo razón y revelación. Este último sentido es sobresaliente en el prólogo. Obsérvese cómo Verbo está rodeado de términos que sugieren apertura y comunicación: luz - ilumina - brilla (vv. 9, 5); gloria (v. 14); dar a conocer (v. 18). _

Las palabras introductorias de Juan son las mismas que las de Génesis —la nueva creación mira hacia atrás, hacia la vieja, para buscar su punto de origen antes de moverse más allá. En unas pocas frases compactas se ve al Verbo en relación a Dios (vv. 1, 2), a la Creación (v. 3), y a los hombres (vv. 4, 5). Con respecto a Dios, la comunión del Verbo está basada en la igualdad con El, participando en la Deidad, sin confusión de personas. El que revela a Dios plenamente, no fragmentariamente, no debe ser menos que Dios (cp. He. 1:1-4). El Verbo es el agente de Dios *(por él)* en la creación (así en Col. 1:16; He. 1:2). Nada ha surgido por sí mismo, ni en respuesta a ningún otro poder creativo. Con respecto a los *hombres*, el Verbo es la única esperanza para la realización del objetivo de su creación (*vida* espiritual). Las *tinieblas* y la *luz* de la historia de la creación adquieren más que un significado físico en este pasaje. Las tinieblas denotan ignorancia de Dios y la separación de El a causa del pecado. *Comprendieron* (Reina-Valera 1909) puede sugerir comprender con la mente, y también tomar algo para resistir o eliminar. Ambos significados son concordantes con la enseñanza de las Escrituras.

El Verbo tuvo un especial testigo preparatorio en Juan (el Bautista), quien, aunque una luz, es una luz más pequeña para señalar a los hombres la Luz por excelencia (vv. 6-9). Al recibir los hombres su *testimonio*, quedarán preparados para *creer* en la *Luz Mayor* que rige el día de la revelación totalmente abierta. Mientras Juan efectuaba su obra, la Luz *verdadera* (perfecta, definitiva) estaba entonces viniendo al mundo. Los rayos del amanecer estaban a punto de inundar las desamparadas tierras bajas en las que reinaban las tinieblas.

Cuando el Verbo fue revelado en la carne, el mundo le rechazó, pero hubo algunos que le recibieron (vv. 10-14). No se podía hallar ningún fallo en Sus credenciales, porque El vino como Creador y Señor de Su herencia (vv. 10-11). Se debe notar el sutil cambio en el significado de *mundo*, desde orden creado a hombres como criaturas de Dios (v. 10). El Evangelio de Juan expone, como ningún otro, la crisis de la confrontación. ¿Qué harán los hombres con Jesucristo? «Los suyos no le recibieron... a todos los que le recibieron...» Esta es la respuesta dual que se va trazando por todo el libro. Aquellos que *creen* (una palabra dominante en este Evangelio), lo muestran recibiéndole. Este sencillo acto de fe conlleva la nueva posición de *hijos de Dios*, nacidos en el seno de Su familia. Nacen sobrenaturalmente, a su manera, así como la Palabra nació en Su propia manera (vv. 13-14). ¿Qué hallaron los creyentes en Cristo? Nada menos que un misterio más profundo que su propia salvación: Dios se ha hecho carne. El lenguaje está elegido deliberadamente para enfatizar que la humanidad de Jesús no era imaginaria. Ni tampoco su residencia entre los hombres fue una cosa pasajera. Vino a habitar. Esto sugiere la permanencia de la encarnación. Ello corresponde con un propósito de Dios, tan antiguo como las edades, de estar con Su pueblo (Ex. 29:46; 2.ª Co. 6:16; Ap. 21:3). *Habitar* significa, literalmente, «tabernacular», y sugiere, entre otras cosas, el movimiento de la revelación. Se movió entre Su pueblo como la revelación de Dios en medio de ellos. Así como el tabernáculo en el desierto tenía la nube de gloria que simboliza la presencia divina, así la nueva manifestación tiene gloria, pero no es algo físico. Aquí brillaba la luz de la naturaleza divina, expresándose a Sí misma como *gracia y verdad* (cp. v. 17).

Juan el Bautista reconoció la eminencia de Cristo antes de que El apareciera (v. 15). *Antes de mí* denota prelación por una dignidad superior, y también sugiere la existencia eterna del Hijo, que en su vida terrena era más joven que Juan. La plenitud de la gracia de Cristo es comunicable, algo recibido, una manifestación de gracia superpuesta a otra (v. 16). Lo que Cristo vino a traer no fue la *ley*, sino la *gracia*, la cual tiene un mensaje para los transgresores de la ley. La ley no era contraria a la *verdad*, pero no era toda la verdad. La revelación final de Dios fue en Su Hijo, el cual es unigénito, esto es, un Hijo único (los mejores manuscritos griegos tienen *Dios* en lugar de *Hijo*). *Declaró* (RV 1909) es una palabra llena de colorido. Significa guiar afuera. De ella se deriva la palabra «exegeta». El Hijo explica al Padre a aquellos que no han visto y no pueden ver a Dios. Tal como lo expresa la epístola a los hebreos, Dios habló por medio de Su Hijo (1:2).

4

EL TESTIMONIO
DEL HIJO DE DIOS
AL MUNDO

(1:19—12:50)

1. **El testimonio introductorio de Juan** (1:19-34).
Ya en el prólogo se ha resumido este testimonio.
Ahora se da con más detalle. Ya que su padre era un
sacerdote, los representantes enviados por la jerarquía
del templo esperaban la cooperación de Juan dando
una valoración de sí mismo. El insistió en transfor-
marlo en una oportunidad de exaltar a Aquel que había
de venir. Naturalmente, negó ser él el Cristo. Tampoco
tenía la consciencia de ser Elías (a quien esperaban los
judíos en base a Malaquías 4:5, 6), a pesar de que más
tarde Jesús le dio aquella posición (Mt. 11:14). Tampoco era él el *profeta* que Moisés dijo que había de venir (Dt. 18:15-18).

Lo máximo que Juan consentía en afirmar de sí mismo era que tenía la función de una *voz* proclamando
su advertencia de que la nación del pacto tenía que pre-
pararse para el Señor. Esta comisión la había hallado
él en Isaías 40:3.

Un oficio tan modesto no parecía cuadrar bien con
la actividad de Juan como el bautizador. ¿Cómo iba a
poder defenderse a sí mismo sobre este punto? La respuesta de Juan fue que su bautismo, manteniéndose en
los propósitos de Dios, era preparatorio, un bautismo
con agua, algo exterior, en la carne. Justamente aquí

esperamos el contraste con *Aquel que ha de venir*, que
se da al final del versículo 33, pero la respuesta queda
pospuesta, a fin de dar paso a un mayor testimonio de
El. Juan no es digno de ser Su siervo (v. 27). Estas cosas tuvieron lugar en un sitio más allá del Jordán. La
lectura mejor atestiguada no es Betábara, sino Betania, que se debe distinguir de la Betania cercana a Jerusalén (cp. 11:18). Se desconoce la localización exacta.

Al fin, Jesús y Juan se encontraron (v. 29). Tal ocasión exige un gran pronunciamiento. Mirad bien, pues
aquí está el *Cordero de Dios* que ha de llevar sobre su
misma Persona el pecado del mundo. ¿Cuál es la base
de tal afirmación? Habiendo hallado su propio llamamiento, establecido en Isaías 40, Juan no tenía que ir
muy lejos para hallar la misión de Jesús en la obra del
Siervo Sufriente de Isaías 53. Cierto, al Siervo se le
compara allí con «un cordero» en relación con Su su-
misión, pero el capítulo está tan lleno del hecho de tomar sobre sí los pecados de muchos mediante esta Persona, que este pasaje muy bien hubiera podido constituir el desencadenante de la proclamación de Juan.
El cordero pascual de Exodo 12 no parece ser la base
de esta proclamación, porque aquel cordero no servía
para quitar el pecado, sino que solamente rememoraba
lo que Dios había hecho al liberar a Su pueblo.

Juan había estado en el desierto por muchos años
(Lc. 1:80), mientras que Jesús había crecido en el pueblo de Nazaret. Los dos no se habían llegado a conocer
o, por lo menos, no se habían visto durante años: Se
necesitaba alguna identificación para ayudar a Juan, y
fue provista por el Espíritu Santo, asumiendo la forma de paloma y descendiendo y permaneciendo sobre
El. Así fue señalado entre todos los demás Aquel que
iba a cumplir la obra de Juan al bautizar con el Espíritu (cp. Hch. 1:5). Una cosa era ser llenado con el Espíritu (Lc. 1:15) y otra muy distinta ser capaz de diri-
gir las operaciones del Espíritu (Jn 16:7-15). *Hijo de
Dios* es el segundo título atribuido a Jesús por Juan

(v. 34). Hace eco al testimonio del Padre en el bautismo (Mr. 1:11).

2. El testimonio a los futuros discípulos (1:35-51).

No entraba en los planes de Dios, por varias razones, que el Bautista hubiera de hallar lugar para sí mismo en el círculo de los apóstoles, pero pudo contribuir con varios de sus seguidores a aquella gloriosa compañía. Tan poderoso fue su testimonio de Jesús, que hombres que habían andado con Juan fueron atraídos al Salvador. Los dos que empezaron esta tendencia fueron Andrés y otro, que casi con toda certeza era Juan, hijo de Zebedeo. Una pregunta llevó a otra. *¿Qué buscáis?* No había rechazo en esta pregunta, y así ellos replicaron: «Rabí [maestro], *¿dónde moras?*». Esto era equivalente a una petición de audiencia. Mucho tiempo después Juan recordaba todavía la hora (v. 39). Fue éste un día de impresiones indelebles. En los evangelios, las horas que se dan siguen generalmente el método de cálculo judío. Si sucede aquí lo mismo, eran las cuatro de la tarde. Es posible que en este caso se utilice el método de cómputo romano, las diez de la mañana, lo que permitiría varias horas de charla.

Se establece una reacción en cadena. Andrés no perdió el tiempo en la búsqueda de su hermano Simón. La palabra *primero* es ambigua, pero bien podría sugerir que poco después Juan hallara a *su* hermano Jacobo y lo presentara al Maestro.

Con Simón ante El, Jesús pronunció una evaluación (Simón) y una profecía (piedra o pieza de una rosa). Se necesitaron tres años para el proceso de endurecimiento, pero se consiguió el día de Pentecostés (Hch. 2).

A continuación, Jesús mismo dio una ayuda en el propósito de hallar a otros hombres. Se aseguró la lealtad de un hombre llamado Felipe (6:5-7; 14:8-10), que a su vez ganó a Natanael, quien al principio tenía dudas de que aquella pequeña aldea de Nazaret pudiera proveer la esperanza de Israel (Andrés había utilizado el término Mesías; Felipe se refirió simplemente a la

esperanza profética de Aquel al que Dios iba a enviar).
Sin tratar de discutir, Felipe le recomendó prudente-
mente un contacto personal con Jesús. El Señor ganó
a Natanael, mostrándole que El conocía la vida y pensamientos interiores de este hombre. Esta revelación
llevó a Natanael a la confesión de la filiación divina de
Jesús y de Su misión mesiánica. Si él mismo era un
fiel israelita, según la norma de Jesús, el Maestro era
el rey de Israel (v. 49). Así, otro galileo se puso bajo la
bandera de Jesús. A él y a los demás, Jesús dio la certeza de posteriores y mayores revelaciones de Sí mismo (v. 51; cp. 3:12). El discipulado iba a significar el
gozo de un conocimiento en creciente aumento de Aquel
que era la verdadera escalera entre la tierra y el Cielo, el Hijo del Hombre. Este título respira deidad, no
por el título en sí mismo, sino por la manera en que es
utilizado. El Mediador tiene que ser divino, tiene que
ser el hombre Cristo Jesús (1.ª Ti. 2:5). La visión de
Jacob en Betel iba ahora a ser cumplida en la persona
de Aquel sobre el que los ángeles se movían solícitos,
pero que vino El mismo a servir a los hijos de los
hombres.

3. **El testimonio en las bodas de Caná** (2:1-12).
Habiendo acabado de declararse a Sí mismo como
el Hijo del Hombre, Jesús muestra ahora que Su «tabernacular» entre los hombres incluía su ayuda en simpatía. Es probable que *el tercer día* se cuente a partir
de 1:43, ya que se hubiera precisado de un día para el
viaje hacia el norte. Cosa curiosa, los contactos de Jesús son con Su madre y los siervos de la casa y no con
los principales de la boda u otros huéspedes. María
le habló de la escasez de vino. Puede que se hubiera
sentido personalmente responsable, porque es probable que la llegada inesperada de Jesús y de Sus discípulos hubiera ocasionado una invitación a última hora.
Su presencia había ayudado a acabar con la provisión
de vino.

El rechazo que Jesús hizo a Su madre (v. 4) no fue
algo personal; puede que hubiera detectado en ella una
ansia de una manifestación dramática de Su poder que
le hubiera lanzado en Su carrera de rey (cp. Lc. 1:32,
33). Pero Su *hora* no había llegado aún, la hora de Su
sufrimiento tenía que preceder a la de Su triunfo (cp.
7:6, 30; 8:20; 12:23; 13:1; 17:1). Este gentil rechazo
sirvió para que María recordara que su hijo era ahora
un hombre. Ya no podía decirle lo que tenía que hacer.
Pero sí podía decirles a los siervos que hicieran todo lo
que Él pudiera pedirles. Se sintió segura de que Él in-
tervendría de alguna forma (v. 5).

La atención pasa a *seis tinajas de piedra para agua*.
Estas eran grandes, pudiendo contener ochenta litros
o más. Según parece, estaban vacías, un símbolo de la
vaciedad del judaísmo a pesar de toda la preocupación
de ellos por la purificación. *Llenad, sacad*. El primer
mandato tenía que ver con el agua, el segundo con el
vino. Entre ambos estaba el milagro efectuado por la
palabra creadora de Cristo. De ordinario, los hombres
encontraban el vino añejo mejor que el nuevo (Lc. 5:39).
No es así aquí. Nada que venga del Señor puede ser menos que óptimo.

La transformación del agua en vino fue *el principio
de señales* de Jesús. Por lo tanto, es evidente que no
llevó a cabo ningún milagro en Su niñez y juventud.
Igual de evidente es que iba a haber más milagros. El
término que Juan utiliza para milagro es *señal* —lo exterior y visible señala una verdad espiritual interna
aún mayor. Esta señal *manifestó* Su *gloria* (cp. 1:14).
Mostró Su gracia, interviniendo con Su ayuda oportu-
na. Mostró Su verdad por la calidad intachable de aquello que produjo. No todos sacaron provecho de Su milagro. Los invitados y el maestresala *no sabían* qué había sucedido (cp. 1:10). María *esperaba* un milagro;
los siervos *sabían* que había ocurrido, pero los discípulos *creyeron*. Su confianza en Cristo adquirió nuevas
dimensiones. Esta es una parte no pequeña del discipulado.

4. El testimonio en la purificación del templo
2:13-25). Esto fue precedido por una breve estancia en Capernaúm, el cuartel general del ministerio en Galilea (cp. Mt. 4:13).

La Pascua era una de las tres festividades anuales a las que se esperaba que los judíos varones asistieran (las otras eran Pentecostés y los Tabernáculos). No le era fácil a la gente llevar consigo a sus animales a Jerusalén para el sacrificio; tenían que comprarlos allí. A la vez, podían pagar entonces su contribución anual para el templo de forma cómoda. Con este propósito tenían que recurrir a los cambistas de moneda, que cambiaban todo tipo de moneda que la gente les trajese (venían de todas partes de Palestina y de muchas naciones extranjeras) a la moneda aceptable para el impuesto del templo. La jerarquía sacerdotal dispuso que todas estas transacciones tuvieran lugar en el templo mismo, en el atrio de los gentiles y, naturalmente, sacaban un provecho comercial al permitir que los mercaderes ocuparan unas posiciones tan ventajosas. En Jesús se encendió la indignación ante este abuso de los recintos sagrados. Ello significaba convertir la casa de Su Padre (cp. Lc. 2:49) en *una casa de mercado*. Así que los expulsó a la fuerza. Este hecho trajo a la memoria de los discípulos un dicho antiguo (Sal. 69:9) que parecía cumplido de manera apropiada en la acción de Jesús. Este hecho inicial de Su ministerio en la Ciudad Santa proclamaba la naturaleza de Su misión. El iba a atacar todos los abusos del judaísmo.

Por el lado positivo, Su venida significaría, no solamente la purificación del templo, sino la sustitución del mismo por Su propia persona (v. 21). Los judíos efectuarían un intento de destruir el templo de Su cuerpo, pero fracasarían, porque la resurrección *en tres días* daría al traste con sus propósitos. Mediante el Cristo vivo los verdaderos adoradores se acercan ahora a Dios. Ha llegado a su fin la época en que los sacrificios de animales eran apropiados (cp. el argumento de la Epístola a los Hebreos). Después de Su resurrección, los discípulos recordaron Sus palabras y encontraron en ellas nueva luz sobre las Escrituras del Antiguo Testamento, especialmente en un pasaje como el Salmo 16:10, que predecía que habría corrupción para el Santo de Dios. Se mantenía que la corrupción tenía lugar después de tres días (cp. Jn. 11:39).

La visita a Jerusalén constituyó la ocasión para la realización de varios milagros (v. 23). Precisamente aquí se nos confronta con una situación que se repite en este Evangelio en más de una oportunidad. Hay algunos hombres que creen en Cristo, pero lo que se dice después acerca de ellos les elimina como creyentes genuinos (cp. 6:66; 8:31-59; 12:42-43). Estas personas no rechazan a Cristo en un principio. Son atraídos a El, pero tan sólo superficialmente, quedando impresionados por sus obras o palabras, pero no por lo que El es. Jesús vio sus corazones y rehusó *fiarse* de ellos (la misma palabra en el original que *creer*) (v. 24). Pero con todo, había la esperanza de que todos estos creyentes en milagros fueran movidos a poner su confianza en Cristo mismo. De uno de ellos nos enteramos en el siguiente capítulo. Cristo estaba dispuesto a tratar con él.

5. **El testimonio a Nicodemo** (3:1-21). Este hombre era miembro del Sanedrín, la corte suprema de los judíos. Su posición hacía que cualquier contacto con Jesús le fuera peligroso, ahora que las relaciones entre Jesús y las autoridades estaban tirantes (cp. 2:18). Por ello acudió cubierto por la oscuridad. Es posible que Juan nos quiera decir más. *De noche* podría sugerir la oscuridad espiritual que envolvía el pensamiento de este líder. Intenta ser cortés, pero encuentra que es difícil serlo sin ser condescendiente (v. 2). Está dispuesto a reconocer que Jesús es un maestro divinamente acreditado. Ha reconocido la verdad de que las palabras y los hechos se iluminan mutuamente. Ninguna de las dos debería considerarse aisladamente.

La réplica de Jesús lleva de inmediato a la conversación más allá de las cortesías y la precipita al centro del problema espiritual del hombre, como puede ser justo ante Dios. Dice Jesús, el maestro, que el hombre tiene que *nacer de nuevo* si ha de ver *el reino de Dios*. La idea nada tiene que ver con un segundo nacimiento físico tal como el que Nicodemo menciona en su perplejidad (v. 4). *De nuevo* es una traducción que connota además *novedad*. También puede significar *de arriba* (3:31). Aquí se está considerando un nacimiento de un tipo especial, que demanda un acto de Dios. Un nacimiento que siguiera la pauta natural conseguiría muy poco. Uno podría evitar algunos fracasos en la segunda oportunidad, pero seguiría siendo un pecador. Necesita, de forma desesperada, la vida de Dios, a fin de poder levantarse por encima de las limitaciones de su naturaleza adánica.

Sin el nuevo nacimiento no se puede ver ni entrar en el reino de Dios. Esta frase, tan común en los evangelios sinópticos, aparece en Juan tan sólo en este pasaje y en el versículo 5 (hay una alusión al reino de Jesús en 18:36). La entrada a la esfera del gobierno soberano de Dios depende de la transformación espiritual —*nacido del agua y del Espíritu*. Agua denota la limpieza de la contaminación y señala el significado del bautismo de Juan. Este es el lado negativo o preparatorio del nuevo nacimiento. El lado positivo es cumplido por el Espíritu (cp. Lc. 1:35 paralelamente).

La necesidad del nuevo nacimiento —*os es necesario nacer de nuevo* (v. 7)— recae en esto, en que la carne, nuestra naturaleza humana en toda su debilidad y pecaminosidad, puede solamente producir algo semejante a ella: más carne. Uno no puede introducirse en el reino del espíritu (participación en la vida de Dios, 1.ª Co. 6:17) sin el nuevo nacimiento.

Nicodemo había expresado su perplejidad ante tal enseñanza. Entonces Jesús concede su carácter misterioso y a la vez afirma su realidad como algo que tiene efectos visibles (v. 8). Incidentalmente, *viento* y Espíritu son la misma palabra en el griego. Para entonces el visitante ya está perdido ante tales conceptos (v. 9). Jesús le informa que hay otros misterios de orden celestial (y El está calificado para exponerlos porque los ha visto y los conoce), en contraste con el nuevo nacimiento, el cual tiene lugar en la tierra. Ningún mero hombre puede elevarse por encima y vislumbrar o dominar estas maravillas supremas. Pero hay Uno que ha descendido del Cielo con las respuestas. El, naturalmente, habla de Sí mismo. La última cláusula del versículo 13 carece de la suficiente autoridad textual como para ser considerado parte del texto.

¿Sobre qué base concede Dios el nuevo nacimiento a los hombres? Esto se expone en términos de una analogía del Antiguo Testamento. La serpiente de bronce en el desierto era como las serpientes feroces, pero carecía del poder destructor de ellas (cp. Ro. 8:3). Se le ordenó a Moisés que la levantara sobre un poste (Nm. 21:8). Así se anticipó el levantamiento de Cristo sobre la cruz como el sustituto de los pecadores.

¿Qué condiciones tienen que cumplirse si se desea participar de este nuevo nacimiento? Se tiene que *creer*. Esto es lo que fue insinuado en el versículo 12, pero se hace explícito ahora (v. 15). No se trata de una atracción momentánea, sino de la decisión irrevocable de depender sólo y para siempre del Salvador.

Es posible que los versículos 16-21 sean contribución de Juan y no de Jesús. Parece como si Nicodemo se desvaneciera aquí de la escena. Ya no se dirige a él. Cada hombre toma su lugar.

El evangelio en miniatura, como ha sido llamado el versículo 16, no es simplemente un resumen de afirmaciones anteriores. Elementos nuevos los constituyen el amor de Dios por el mundo y su manifestación en el don de Su Hijo. *Unigénito* es la traducción de *monogenés*, que significa uno sólo de una clase. Dios tenía sola-

mente un Hijo que llevara Su perfecta semejanza. Y a
El no le perdonó, sino que le entregó por todos nosotros (Ro. 8:32). *Todo aquel* abre la puerta de la salvación a todos los hombres, de cualquier clase y condición. La posesión de una religión por parte de Nicodemo no le daría admisión, ni podría la pecaminosidad
de la mujer samaritana excluirla (cap. 4). Dios es rico
para con todos los que le invocan.

Claro y evidente queda el destino de aquellos que
no creen, pero el principal propósito de la venida de
Cristo no era el de juzgar, sino el de proveer salvación
(v. 17). El creyente escapa al juicio por sus pecados
y no por otra razón que la de que aquellos pecados han
sido asumidos en su lugar por Cristo. El que rechaza
a Cristo queda bajo juicio, en anticipación a la gran se-
sión que ha de venir, a causa de los que repudian la
única cura del pecado. El objetivo moral de una persona tiene mucho que ver con su fe o falta de fe. Si hay
amor por el pecado, habrá inevitablemente disgusto por
todo lo que signifique reproche de aquel pecado. Por
otra parte, si uno responde a la luz de la revelación
en Cristo, ello constituye una indicación de que desea
andar en aquella luz y vivir una vida que complazca a
Dios. Tal hombre ha empezado a hacer las obras de
Dios (v. 21; cp. 6:29).

**6. El testimonio final de Juan el Bautista sobre
Jesús** (3:22-36). Parece que durante un tiempo después de que Jesús empezara Su ministerio público, Juan
continuó su obra en la línea que le había caracterizado
desde el principio. Probablemente el evangelista incluye esta sección en su evangelio para poner en claro que
el Bautista no estaba en competencia con Cristo. Ambos estaban bautizando, pero en diferentes áreas: Jesús
en Judea, Juan más hacia el norte, siguiendo el Jordán,
cerca de Salim. Jesús dirigía el trabajo de Sus discípulos, pero El mismo no bautizaba (ver 4:2; cp. 1.ª Co.
1:13-17).

Toda esta actividad bautizadora provocó la reflexión, en algunos lugares, sobre el significado de esto en relación con las costumbres y leyes judías acerca de la purificación (cp. 2:6). Un judío (así es la lectura de los mejores textos de 3:25) se puso a discutir este punto con uno de los discípulos de Juan. Esto, a su vez, llevó a una pregunta en tono de protesta por parte de éstos a su propio guía, con respecto a la creciente popularidad de Jesús. Ellos se resentían, pero se daban cuenta de que Juan había contribuido a que las multitudes siguieran a Jesús, al dar testimonio de El (v. 26).

En esta delicada situación Juan mostró su verdadera grandeza de espíritu. Les recordó a sus discípulos que él no era el Cristo, sino el heraldo, y esto por designación divina (v. 28-28). No podía sentir más resentimiento ante el éxito de Jesús que el que podía sentir el amigo del esposo en el casamiento de éste (v. 29). Sus propios seguidores tenían que disminuir en número al aumentar los de Jesús (y ya había contribuido con varios discípulos; cp. 1:35-51).

Durante el resto del capítulo Juan no dice nada más acerca de sí mismo. Algunos estudiosos han llegado a la conclusión de que éstas son palabras del evangelista, pero esto no puede ser demostrado a ciencia cierta. Juan estaba consciente del origen celestial de Uno mayor que él (cp. 3:13; cp. 8:23) y de su propio origen y naturaleza terrenos (v. 31). El Señor del Cielo había traído consigo la experiencia de la realidad del Cielo y, a pesar de ello, los hombres habían hecho oídos sordos a Su testimonio (v. 32; cp. 3:11). El rechazo era general, pero había excepciones de los que veían verdad en Jesús y creían que Dios le había enviado (v. 33; cp. 1:11, 12). Percibieron que el Espíritu de Dios estaba en la obra con El, y no en un grado limitado, como en los profetas, sino *sin medida* (v. 34). Además de un ministerio de enseñanza pleno y auténtico, Jesús tenía otro ministerio todavía por ejercer, el más importante. El es señalado como Juez de todos. Aquel que rechaza al Hijo rechaza al Padre. Al rechazar a Aquel a quien el Padre ama, atrae sobre sí la ira de Dios (vv. 35-36). Esta verdad había sido establecida en un lenguaje similar en 3:16-18.

7. El testimonio en Samaria (4:1-42). La oposición de los fariseos a Jesús sobre la base de su creciente influencia, se da como la razón de la decisión del Señor de dejar Judea en favor de Galilea, donde la oposición de ellos contaría menos. Esta decisión demandaba un viaje a través de Samaria, que era la ruta normal cuando lo que contaba era el tiempo. Estos fragmentos de información (vv. 1-4) preparan al lector para el relato del ministerio en Samaria, que está dividido en dos episodios, el de la conversación de Jesús con la mujer ante el pozo (vv. 5:26) y el contacto con los hombres de Samaria (vv. 27-42).

Existe una gran posibilidad de que la ciudad próxima a donde se halla situado el pozo fuera Siquem en lugar de Sicar. La investigación arqueológica apunta en este sentido, y no es escasa la autoridad manuscrita en favor de este nombre. En la época patriarcal, cuando el país estaba empezando a desarrollarse, se cavaron muchos pozos. El de Jacob se puede ver todavía, es una excavación de unos 25 metros de profundidad. Constituía una parada natural para Jesús, que para entonces estaba fatigado del viaje, y necesitaba un refrigerio. Por lo general se toma la sexta hora como mediodía, aunque es posible que fueran las seis de la tarde. Allí, solo, con Su fatiga, Jesús esperaba el retorno de los discípulos, que habían ido a la ciudad a comprar provisiones. Antes de que regresaran, llegó una mujer de Samaria para sacar agua, y el Señor le pidió de beber.

Los samaritanos desconfiaban de los judíos. Había existido animosidad entre ellos desde que los judíos que habían retornado de la cautividad habían rehusado que los samaritanos participasen en la reconstrucción del templo en Jerusalén. Le asombró a esta mujer, como

cosa extraña, que el judío que tenía ante ella le hiciera
tal petición. Por un momento le complace tener la iniciativa. Pero se siente curiosa ante la prontitud de Jesús en derribar la barrera de hostilidad y costumbre.
La sorpresa de ella se torna más y más acentuada si se-
guimos la sugerencia de David Daube con respecto a la
última parte del versículo 9, leyéndolo así: «Los judíos
no utilizan vasijas juntamente con los judíos» (*The New
Testament and Rabbinic Judaism*, Athlone Press, University of London, 1956, pp. 375-379). Que los judíos
evitaran todo contacto con los samaritanos queda con-
tradicho por la expedición de compras de los discípulos. Las siguientes palabras de Jesús son suficientes
para sacudir su arrogancia. Hay cosas que ella no conoce: el don de Dios, el agua de vida que da el Hijo
de Dios, que es la fuente de vida (cp. 7:37-39). Incapaz
de pensar, excepto en términos materialistas, la mujer
echa una mirada a las manos vacías del extraño y después al pozo, donde el agua se halla muy abajo de la
superficie. ¿Cómo podía él ofrecerle agua viva como la
que brotaba del manantial del fondo del pozo?

Pero los pensamientos de Jesús no se hallaban en
lo terreno, sino en una provisión para la sed más profunda del alma, que nada material puede satisfacer.
Trató de explicarle que El podría hacer brotar una fuente de vida eterna en su corazón (v. 14), pero todo lo que
ella podía imaginar era un suministro constante de
aquello que estaba consiguiendo día a día, sólo que pro-
ducido de una manera misteriosa, y quizá mágica. Pronto descubrió que había que pagar un precio. Su vida
pasada tenía que quedar expuesta ante ella como un libro abierto, para mostrarle cuán grande era la necesidad que tenía de purificación. Fascinada por las palabras y maneras de Jesús, está dispuesta a hablarle de
lo más íntimo de Su vida, confesándole que no tiene
marido. Su asombro va en aumento cuando el Señor le
detalla sus relaciones pasadas y presentes con hombres, seis en total. La misma cantidad de matrimonios
muestra la facilidad con que algunos de ellos se disol-

vieron en favor de otros, hasta que se dejó a un lado la misma formalidad del matrimonio. La mujer era una pecadora confesa.

Esta exposición vino como la simple expresión de un hecho. Jesús no pasó a detalles embarazosos, ni la reprendió por su pecado. Como resultado, ella pudo mirar fuera de sí misma, ya que no hubo ninguna censura que provocara una defensa de su pasado, y pudo maravillarse ante el que estaba frente a ella. ¿Quién podía ser? ¿Podría ser Él —sí, así tenía que ser— un profeta que sabía lo que otros hacían sin observarles? (2.° R. 5:25-27). Entonces, quizás Él pudiera dar una instrucción a su pobre y confundida alma de manera que pudiera llegar a ser justa ante Dios. ¿Cuál era la forma apropiada? ¿Estaban los judíos en lo cierto al insistir en que había que ir a Jerusalén y adorar, y de esta manera hallar a Dios? Sus antecesores samaritanos habían tenido una pretensión similar acerca del santuario local en el monte Gerizim. Ella sabía que el lugar de adoración, allí donde los sacerdotes ministran en el nombre de Dios, es el lugar donde hallar perdón. Lo que todavía no conocía era que Jesús es a la vez profeta y sacerdote, capaz de exponer el pecado y de perdonarlo también.

El Señor aprovechó la pregunta de la mujer para hacer un notable pronunciamiento sobre la adoración (vv. 21-24). Fue, en parte, una afirmación correctiva. La adoración samaritana era tan confusa y mezclada como la raza a la que pertenecían (2.° R. 17:24-41). Los judíos poseían una clara revelación de Dios y ya no eran culpables de idolatría. La salvación tenía que hallarse entre ellos como pueblo del pacto de Dios. No obstante, incluso la adoración judaica estaba limitada. Una hora estaba viniendo (recordemos cuán a menudo se utiliza esta palabra respecto a la muerte de Jesús) cuando incluso Jerusalén dejaría de ser el lugar en el que Dios tuviera puesto Su nombre de una forma exclusiva. El velo pronto sería roto de arriba a abajo, y después la ciudad y el templo serían barridos, enseñando a los hombres que podían tener acceso al Padre en todas partes, siempre que se acercaran a El por el camino adecuado: en espíritu y en verdad. El significado de estas palabras no queda agotado en el concepto de una adoración libre de elaboraciones ceremoniales y localistas, que posibilite una visión más exacta de Dios. Todo depende de la hora en que ha de venir, que está presente en el sentido de que el Redentor está aquí y que Su obra reconciliadora es tan buena como si ya estuviera consumada. La adoración espiritual solamente es posible mediante el Espíritu que hace que sea aceptable el que los creyentes se acerquen a Dios mediante Cristo (Fil. 3:3; 1.ª P. 25). Cuando el Espíritu controla, el error se desvanece. El es el Espíritu de verdad, que hace posible la visión de Dios como El es: Espíritu. El ministerio, tanto del Hijo (cp. 1:18) como del Espíritu, se conjuntan en hacer del Padre una realidad viva.

La revelación de Jesús de la verdadera adoración incluye la certeza grata de que el Padre busca verdaderos adoradores. Esto fue de aliento para la mujer samaritana que debía sentir que ella no podía quedar estar incluida en ella, debido a su religión mezclada y a su vida disipada.

Los samaritanos, igual que los judíos, tenían una esperanza mesiánica. Pero, al igual que con el concepto que Marta tenía de la resurrección, se trataba de algo remoto para ellos. ¡Cuán electrizante tuvo que ser oír a Jesús de Nazaret decir: *Yo soy, el que habla contigo!* No hay ya necesidad de un deseo anhelante, sino una llamada a la fe inmediata.

Para este entonces llegaron los discípulos y con su llegada acabaron la conversación. Pero la mujer había oído ya suficiente. Dejó allí su cántaro, una prenda de que iba a volver, pero aún más, una indicación significativa de que estaba empezando a beber del agua viva que le había sido prometida. Así como Cristo había perdido para entonces el deseo de comer, en su consumidor gozo de señalar a un alma necesitada el lugar

del perdón y del descanso, así pudo la mujer olvidar
su sed física, al surgir dentro de ello la fuente de vida
eterna.

Su informe a los hombres de la ciudad les hizo saber que se había encontrado con un hombre que le había dicho todo cuanto ella había hecho (v. 29). Era un
dogma de su fe que el Mesías que había de venir iba a
declarar *todas las cosas* (v. 25). Este hombre lo había
hecho, por lo que a ella respectaba. ¿Podía acaso ser
otro que el Cristo? Al presentarlo de esta manera, pudo
plantar una idea sin parecer que enseñaba a los hombres, los cuales hubieran resistido cualquier intento de
este tipo. Su rostro tenía que reflejar su convicción interna. En lugar del hombre que le había sido pedido
que trajera, toda una compañía de hombres salieron
de la ciudad para conocer por sí mismos a Jesús.

Mientras esto sucedía, los discípulos estaban reci-
biendo unas enseñanzas del Maestro. Ellos habían empezado la conversación con el tema de la comida (v. 31).
El les llevó limpiamente en dirección a la sementera y
cosecha espirituales. En el ámbito físico existe un lapso
de *cuatro meses* entre la sementera y la siega. El mismo había estado sembrando simiente aquella tarde y
ahora, ¡mirad!, la cosecha aparecía ya. Los ojos de los
discípulos se levantaron para seguir con la mirada a la
Suya, que contemplaba el camino hasta la ciudad, lleno
ahora de una multitud de hombres que venían a encon-
trarle. ¡Qué cosecha —madura, lista— como recompen-
sa! Ha precisado más de un obrero. Jesús plantó la simiente en el corazón de la mujer, entonces ella dio su
testimonio, y muchos respondieron. Esta es la pauta
que los discípulos habrán de seguir. En unas ocasiones
sembrarán, y en otras segarán la cosecha que otros han
sembrado (v. 36-38).

El incidente samaritano se cierra con una nota muy
humana. Muchos que habían creído le hicieron saber
a la mujer que el verdadero factor en su conversión no
fue el testimonio de ella, sino el contacto que ellos mis-

mos habían tenido con el Señor. No estaban dispuestos
a concederle a ella ninguna ventaja superior. Pero todos estaban de acuerdo en que su provincianismo espiritual había terminado. Habían llegado a conocer al Salvador del mundo (v. 42).

**8.   El testimonio en Galilea mediante la curación
del hijo del oficial del rey** (4:43-54).   Después de dos
días en Samaria el Señor y Sus discípulos continuaron
su viaje hacia Galilea. La razón de esta visita la puso
Jesús en términos proverbiales. Un profeta no tiene honra en su propia tierra. En los evangelios sinópticos se
aplica este dicho a Nazaret (Mt. 13:57). Aquí parece referirse a Galilea como un todo. El había sido recibido
favorablemente en Judea, excepto por las autoridades,
y Su razón para ir a Galilea fue simplemente su oposición (cp. v. 1). No obstante, es posible que este proverbio sea aplicado en este Evangelio en forma diferente, donde puede que Jesús se refiera a Judea como
su propio país, al ser el centro principal de Su ministerio, en cuyo caso se debería dar énfasis a la cordial
recepción que le dieron los galileos (v. 45), en contraste
con la frialdad del judaísmo oficial hacia El.

El único incidente de esta visita a Galilea relatada
por Juan, se refiere al noble de Capernaúm, cuyo hijo
había caído gravemente enfermo. Quizás el padre re-
curriera a Jesús a causa de los relatos de Sus milagros
traídos de Jerusalén por la gente de este distrito (v. 45).
Yendo a Caná, imploró al Salvador que viniera con él
y le prestara ayuda. Habiendo tenido la experiencia de
los «creyentes en milagros» (2:23-25), Jesús le clasificó
momentáneamente entre ellos, con el fin de probarle
(v. 48). Pero el padre se mostró dispuesto a creer la
palabra de Jesús de que su petición había sido conce-
dida. Solamente después conoció la corroboración por
parte de sus siervos. No había duda acerca del milagro,
ya que la fiebre dejó a su hijo en la misma hora en que
Jesús habló (v. 53). Toda la casa quedó impresionada y,
como resultado, todos creyeron. Los milagros tienen su

puesto en crear la respuesta de la fe (14:11; 20:31), siempre y cuando la fe mire, más que a la señal, al Salvador mismo.

9. El testimonio de la curación del paralítico

(5:1-16). Los judíos observaban varias fiestas anuales. No es probable que ésta fuera la de la Pascua, que en todas las otras ocasiones es designada de forma específica (2:23; 6:4; 13:1). La ciudad de Jerusalén estaba más llena que de costumbre durante las fiestas. Pero la atención del lector se dirige a una *multitud* de una clase especial —los cojos y paralíticos que esperaban esperanzadamente en los pórticos del estanque de Betesda. Se ha excavado en un lugar que se ajusta muy bien a esta descripción y que está a poca distancia del área norte del templo. Aquella multitud de desafortunados era atraída a este lugar por la reputación del estanque. Se creía que un ángel agitaba periódicamente el agua, y que la primera persona que descendía al estanque después de esto era curada. La última parte del versículo 3 y todo el versículo 4 no aparecen en los mejores manuscritos, pero es indudablemente que esta sección da un resumen correcto de las ideas populares relativas al estanque.

Un hombre, paralítico desde hacía casi cuarenta años, atrajo la especial consideración de Jesús. Si le parece extraño a alguien que Jesús fuera a preguntar si quería o no ser sano, precisa solamente reflexionar acerca del hecho de que muchas personas enfermas prefieren continuar en su estado, ya que éste les atrae la simpatía y la ayuda de los otros. Pero este hombre confesó su impotencia y sus repetidos desengaños *(no tengo quién)*. El iba a descubrir que, después de todo, tenía un Amigo cuya ayuda haría innecesario su descanso al estanque. Obedeciendo al mandato de Jesús de que se levantara, el paralítico descubrió que cuando el Señor ordena también suple los medios para cumplir la orden (cp. Hch. 3:6-8). Era capaz de levantarse, de mantenerse de pie, y también de llevar su lecho (un colchón

o camilla). Una especie de epílogo al relato del milagro aclara el hecho de que fue hecho *en sábado* (v. 9).
El hecho sería contado por los judíos como trabajo,
como una violación del descanso del sábado. Esta circunstancia hizo inevitable un choque entre Jesús y los
líderes judíos. Al principio, el hombre que había sido
curado fue acusado por llevar su lecho, pero cuando
se hizo claro que la responsabilidad realmente era de
Jesús, El vino a ser el objetivo de los ataques. Se debería señalar que Jesús no intentó evitar el dar ayuda
porque fuera sábado. El tomó la iniciativa, y no el enfermo. Además, él se dio a conocer deliberadamente al
hombre más tarde, en el templo, por lo que iba a llegar
la información a las autoridades de que había sido El,
y no otro, el que había hecho aquello.

Para Jesús, tal uso del sábado era totalmente de-
fendible, no solamente desde el punto de vista del acto
de misericordia llevado a cabo, sino también desde la
base de su propia posición como Señor del sábado, ca-
pacitado para utilizar el día como a El mejor le pare-
ciera.

La búsqueda del hombre en el templo, adonde él
había ido a agradecer su curación, muestra que el milagro no fue hecho para realzar Su reputación. El tenía
el bien de la persona en Su corazón. La sanidad corporal no era suficiente. ¿Qué acerca del problema del pecado? Aquí hay la presunción de que se había concedido el perdón de los pecados (cp. Mr. 2:5-12). Los poderes físicos restaurados podrían empujar al hombre a
darse al pecado que su anterior incapacidad dificulta-
ra. Jesús le advierte solemnemente en contra de tal cosa
(v. 14). Hay perdón para con Dios a fin de que El sea
temido.

Armados del conocimiento de que Jesús era el responsable de esta acción en sábado, los judíos procura-
ban matar a Jesús. Tal como ellos lo veían, se trataba
de un peligroso transgresor de la ley. Ellos no habían
hecho otra cosa que descuidar al paralítico, pero ahora

que éste se encontraba bien, en lugar de gozarse de su liberación, intentaba matar a su bienhechor (v. 16).

10. **El testimonio de la autoridad de Jesús** (5:17-47). Es digno de señalar que, en Su discusión con los judíos acerca de este incidente, Jesús no trató con ellos de la cuestión de la violación del sábado (cp. 7:23), sino que suscitó la cuestión a un nivel superior, esto es, en base a Su autoridad como Hijo de Dios. Como tal, El era un colaborador legítimo del Padre (literalmente, Su propio Padre, v. 18). Esto fue rechazado como cruda blasfemia, haciéndole doblemente merecedor de muerte. A los ojos de los judíos un mero hombre se estaba haciendo Dios a sí mismo. Pero quien hiciera esto estaría simplemente lleno de arrogancia, mientras que las siguientes palabras revelan el verdadero espíritu del que hablaba. El no podía hacer nada por sí mismo, y lo que llevaba a cabo era resultado de ver al Padre obrando (v. 19). Una humildad y dependencia así no podían pertenecer a un falso pretendiente a Mesías. La relación entre el Padre y el Hijo es de amor y de confianza. Por ello es mucho lo que el Hijo recibe para hacer. Grandes obras se han de esperar aún. Un ejemplo es la resurrección de los muertos, no de uno solo, sino de todos los muertos.

Otra gran obra es la del *juicio* (v. 22). Es evidente que la función del juicio le pertenece a Dios en el sentido definitivo. Que El lo entregara al Hijo es evidencia de la igualdad del Hijo con el Padre. De nuevo la demanda es universal, *todo* juicio. En aquel día, si no antes, todos los que honran al Padre se verán constreñidos a hacer lo mismo con el Hijo. No se puede separar la fe en el Hijo de la fe en Aquel que le envió (v. 24). Cada creyente verdadero escapará al juicio que caerá sobre los otros hombres por sus pecados.

Jesús retorna al tema de la resurrección con una afirmación más completa, pero no para olvidar el juicio (vv. 25-29). Este hecho acentúa la estrecha relación entre estas dos características del tiempo del fin. Así, como en la enseñanza acerca de la adoración (cp. 4:21, 23), la *hora* de la realización *viene*, pero tiene una anticipación en el presente *(y ahora es)*. Aquellos que están muertos en pecados, sin dar respuesta a Dios, se ven expuestos a la voz de Cristo. Aquellos que oyen con fe vienen a la vida espiritual ahora (v. 25). Ello significa compartir la misma vida del Padre y del Hijo (v. 26).

La resurrección corporal espera un día futuro. Dos clases de hombres participarán y los resultados serán idénticos al veredicto al que se haya llegado aquí sobre los hombres, de acuerdo con su actitud hacia Cristo. Será, o de *vida* o de *juicio* (v. 29; cp. 5:24; 3:36). Hacer el bien incluye el ejercicio de la fe (cp. 6:29); hacer mal incluye el rechazo de la provisión de Dios en el Hijo (cp. 3:19-20).

Volviendo a la acusación de blasfemia, Jesús se defiende sobre la base de que El no está dando testimonio de Sí mismo. La ley judía demandaba dos testigos. A sus propias afirmaciones el Padre da testimonio (vv. 30-32). El testimonio de Juan el Bautista, expuesto con cierto detalle en los primeros capítulos de este Evangelio, fue útil y muchos judíos quedaron impresionados, pero Jesús mismo descansa en el *mayor testimonio* del Padre. La prueba del aval del Padre había de hallarse, para aquellos que precisaran de «evidencia», en las obras que el Padre le ha dado que hiciera.

Si se objeta que los hombres no pueden ver a Dios y que, por lo tanto, no puede esperarse que reconozcan a quien venga afirmando que es Su Hijo, se vence esta dificultad mediante el registro que Dios ha dado en las Escrituras del Antiguo Testamento, de manera que se debería ser capaz de reconocerlo si se han leído cuidadosamente. Esta es la gran tragedia del judaísmo. Ha escudriñado las Escrituras y ha fracasado en su intento de hallar la vida que en ellas se promete debido a que ha rehusado reconocer en Jesús el cumplimiento de las profecías. Irónicamente, los judíos están listos a preferir a un falso pretendiente antes que Aquel que viene en nombre del Padre (v. 43). Así, se añaden las Escrituras como testimonio a Jesús. El afirma la validez de la profecía mesiánica. Ya que Moisés era tan venerado por los judíos, Jesús limita, de manera liberada, la autentificación de Sí mismo a la Torá, los cinco libros de Moisés. Una de las referencias más claras es a Deuteronomio 18:15-18.

11. **El testimonio del Pan de Vida** (6:1-71). De nuevo Cristo se encuentra en Galilea, y de nuevo Sus milagros de curaciones provocan atracción, de manera que se forma una gran compañía de gente que le sigue a El y a Sus discípulos cuando pasan a la orilla oriental del mar de Galilea (vv. 1-4). Siendo el tiempo de la Pascua, había una gran cantidad de hierba crecida en la primavera (cp. vv. 4, 10). Esta referencia a la estación del año puede explicar en parte la presencia de la multitud, ya que muchos peregrinos que iban a la fiesta estarían gozosos de la oportunidad de tener conocimiento de Jesús.

Pero la multitud creaba un problema. ¿Cómo se les iba a alimentar? Felipe calculó que se iba a necesitar la paga de doscientos trabajadores para comprar pan para semejante multitud. Es probable que la tesorería de la compañía apostólica no tuviera semejantes fondos, por lo que nada se hizo. Además, no se podía comprar pan en esta zona apartada de las ciudades. Andrés dio la noticia de que se había presentado un chico que tenía cinco panes de cebada y dos pequeños peces. Andrés mismo consideraba aquella provisión como totalmente inadecuada. No obstante, Jesús procedió a preparar el servicio a la multitud. Era esencial que hubiera un orden. La gente se tenía que sentar en grupos, para permitir el paso de aquellos que servirían entre ellos (cp. Mr. 6:39). Después de una oración en gratitud a Dios, tuvo lugar el partimiento de los panes y los peces y su distribución. Milagrosamente, la pobre provisión fue multiplicándose durante la distribución, hasta que todos quedaron alimentados y satisfechos y las sobras reunidas. Cada discípulo pudo devolver un cesto lleno a Jesús. La generosidad de la gracia no alienta el desperdicio de lo que Dios da.

El milagro, en lugar de hacer que la multitud se contentara y descansara, despertó en ellos la excitación de un inmenso entusiasmo. Jesús se tornó ante los ojos de ellos como el *profeta* prometido (Dt. 18:15-18). La excitación fue en aumento al decidir que tenían que tomar al Nazareno como *rey*. Si El había podido resolver el problema de alimento que tenían, ¿por qué no los otros problemas también, incluyendo la reconquista de su independencia como nación? Pero el reino de Jesús no estaba basado en estas consideraciones (cp. 18:36). No podía permitir el ser tomado por la fuerza para este propósito, como tampoco el ser hecho cautivo por los líderes judíos antes de que llegara Su hora (v. 15; cp. 10:39).

Después del milagro, los discípulos entraron en una barca para ir a Capernaúm y estaban ya bien adentrados en el lago, cuando una tormenta les amenazó. Esta era una de las pocas ocasiones en las que se habían separado del Maestro. Ahora le necesitaban desesperadamente. De forma inesperada El llegó y los llevó a puerto seguro (cp. Sal. 107:23-30). El Señor que obra para el bien de la multitud va a intervenir, desde luego, en favor de los Suyos propios.

Al siguiente día, la multitud, de la que no se podía desprender tan fácilmente, le halló en Capernaúm. Jesús les mostró su desagrado, poniendo al descubierto el verdadero motivo que ellos tenían para interesarse por El. Era el deseo materialista de poseer un provisor conveniente. Ellos no consideraban Sus milagros (señales) bajo su verdadero significado de señalar las verdades espirituales (v. 26). La palabra del Señor provocó dos preguntas. Ya que El les había ordenado actuar, ¿qué era lo que iba a satisfacer a Dios? (v. 28). La respuesta fue inesperada: creer en Aquel que Dios ha enviado. Jesús les había reprendido acerca de las señales. Ahora le pedían una señal que les hiciera depositar la fe en El. ¿Podría hacer algo semejante a lo que sucedió

en las peregrinaciones en el desierto, cuando se sumi-
nistró pan del Cielo (sugiriendo que el milagro de los
panes que Jesús había hecho era una mera actuación
terrenal?) El detectó esta comparación desfavorable
con Moisés, por lo que fue necesario aclarar que el pan
no había venido de Moisés, sino de Dios, que daba ahora *el verdadero pan* del cielo (v. 32). «Verdadero» en
este Evangelio significa lo ideal, lo definitivamente eficaz. ¿Por qué era Jesús el verdadero pan? Porque El
podía hacer más que llenar estómagos vacíos. El vino
del cielo a dar vida al mundo. Aun pensando a un nivel
físico, la gente está ansiosa de este pan (v. 34; cp. 4:15).
Era, pues, el momento de hacer tan clara la naturaleza
del pan del cielo que nadie pudiera equivocarse acerca
de él (v. 35). Cristo se identifica a Sí mismo con el pan
de vida. La fe en El provee una satisfacción permanente: el fin de la búsqueda espiritual del hombre (cp. 4:
14). Su abandono de la esfera del milagro no debe considerarse como un acto de indiferencia hacia los hombres. Al contrario, Cristo está listo para recibir a todos
los que vengan a El (v. 37; cp. Mt. 11:28). Incluso en
el caso de que éste no fuera su propio deseo, es la voluntad del Padre que ninguno que haya sido dado al
Hijo se pierda (cp. 17:6, 9). Esta era una credencial muy
superior a ninguna que Moisés hubiera tenido, porque
él vio a una nación desertar y perecer. La resurrección
demostrará ser el último capítulo en el proceso salvador confiado a Jesús (v. 39).

Esta exaltada enseñanza encontró oposición (vv. 41-
42). ¿Cómo podía aquel cuyos padres eran conocidos
por los galileos ser del cielo? Esto era un tropiezo para
la fe. No se había comprendido la verdad de Juan
1:18.

Jesús reconoció la dificultad que Su humanidad
planteaba, pero indicó que quedaba suplida por una
provisión divina: la inclinación sobrenatural a dirigirse a El (Cristo), puesta en el corazón de todos los que
verdaderamente conocían al Padre y estaban abiertos
a Su dirección (vv. 43-46).

Entonces recalcó otra vez Su afirmación de ser el dador de la vida espiritual (vv. 47-51). El maná del cielo, tal como Israel lo conoció, carecía de vida, garantiza la libertad de la muerte espiritual. Pero el momento de la entrega del pan no había llegado aún. Vendría con la entrega de Su *cuerpo*. Estas palabras recuerdan poderosamente lo que Jesús dijo en la Ultima Cena.

Aún cegados por su visión materialista, aquellos hombres se expresan su incredulidad unos a otros. ¿Cómo puede ser esto? (v. 52; cp. 3:9). Esta manera de hablar les estaba sugiriendo canibalismo. Para empeorar las cosas, Jesús añadió la necesidad de beber Su sangre (v. 53). Si se tomaba literalmente, esto violaría la Ley (Lv. 17:10-14). La gente se quedó atónita.

Abiertamente, el Señor repitió la necesidad de participar de Su carne y de Su sangre, añadiendo que por ello se establecería una comunidad de vida entre El y aquellos que cumplieran Sus condiciones (v. 56). Si El mismo vivía por el Padre (y ciertamente no había nada físico acerca de esto), tampoco hay nada físico en la necesidad de comer del Salvador, a fin de vivir por El. El alimento es un medio para sostener la vida al ser ésta asimilada por el cuerpo; así también es posible el apropiarse de Cristo por la fe, y vivir así para Dios.

La reacción final de la audiencia, a pesar de las maravillosas palabras de Jesús, fue negativa. Se sentían aún ofendidos. La enseñanza de Jesús acerca de Su carne y sangre fue considerada como una *palabra dura* (v. 60). El respondió, señalando que más manifestaciones habían de llevarse todavía a cabo. ¿Qué pensarán ellos cuando el Hijo del Hombre vuelva al Cielo? ¿Han ofendido las palabras de Jesús? Es cosa extraña, porque son espíritu y son vida. Comunican una verdadera bendición. No constituyen promesas vacías (cp. v. 68).

Con la conclusión de este discurso, *muchos* que se habían contado entre los discípulos de Jesús, se encontraron que habían llegado aquí al final de su camino. *Ya no andaban con El.*

La deserción fue tan general que amenazaba con tornarse completa. ¿Iban los Doce a unirse al éxodo? Jesús les dio esta oportunidad. Uno de los Doce no podía comprender por qué Jesús había rehusado ser hecho rey, y estaba igual de ofendido que la multitud respecto a Su discurso acerca de comer la carne y de beber la sangre del Hijo del Hombre. Pero se sentía avergonzado de irse. Así que iba a quedarse y a traicionar a Jesús (v. 71). Otro discípulo debió de haber pasado sus dudas y perplejidades, pero cuando se le confrontó con la opción de dejar a Jesús o de permanecer, a pesar de sus temores, él sabía que tenía que quedarse. Ningún otro, solamente Jesús, tenía palabras de vida eterna (v. 68). Aquel que iba a negar al Salvador se hallaba en una postura diametralmente opuesta a la del traidor, tanto ahora como en las tenebrosas horas de aquella noche, antes de que el Señor sufriera.

12. El testimonio en la Fiesta de los Tabernáculos (7:1-53). Por las palabras introductorias, es probable que se deje sin registrar un período de ministerio en Judea, excepto por la observación de que suscitó más oposición por parte de las autoridades judías. Jesús volvió después a Galilea.

La de los Tabernáculos era una fiesta judía bien concurrida, que se observaba durante el mes de octubre. La palabra que se utiliza aquí significa la construcción de tiendas o de cabañas. En tanto les era posible, la gente vivía en cabañas hechas de ramas de árboles, a fin de hacer memoria de la forma en que vivía la nación cuando salió de tierra de Egipto (Lv. 23:39-43). Los hermanos de Jesús le presionaron para que asistiera a esta fiesta, sobre la base de que tendría allí un mayor número de personas para ser testigos de Sus poderosas obras (v. 3). ¿Quiénes eran los *discípulos* que se mencionan aquí? Gran número de los seguidores galileos de Jesús le habían abandonado (6:66). Pero había otros de Galilea que podrían ser fortalecidos en su lealtad mediante una grandiosa demostración de Su poder (cp. 4:45). Posiblemente los admiradores de Jesús en Judea entran aquí también en consideración. Los hermanos le aconsejan que sea más atrevido, que llame la atención del público. Necesita promoverse a Sí mismo (v. 4). Estas sugerencias estaban en la línea de la condición en que se hallaban, no siendo salvos (cp. v. 5). Jesús les hace saber que cuando llegue Su hora (muerte) estará entonces a la vista del público, pero no en la posición de recibir la honra del mundo. En lugar de ello, atraerá sobre Sí mismo la ira de los hombres por exponer la iniquidad de sus obras (vv. 6-9).

Cuando, finalmente, acudió a la fiesta, Jesús fue como *en secreto*. Ello no significa que fuera de incógnito, ni que se escondiera (cp. vv. 14, 26). Más bien significa que acudió sin intentar ninguna manifestación pública, tal como sus hermanos le habían sugerido. Antes de Su llegada, era el tópico de conversación entre la gente. Detectaban la tensión entre El y las autoridades, y se preguntaban si se atrevería a mostrarse (vv. 10-13).

Jesús, una figura polémica (vv. 14-53). Después de un retraso de media semana, Jesús apareció en el templo y, como era normal, empezó a enseñar. Aquellos que oían estaban asombrados, no porque El no tuviera instrucción, sino porque carecía de la instrucción técnica que los rabinos recibían. La gente no pensaba en El como en un hombre de letras, letrado en la Ley de Moisés. Pero El tenía algo mejor que la instrucción de un escriba, porque Dios, al enviarle, le dio el mensaje (cp. Dt. 18:15-18). Si alguien hace de la voluntad divina su elección y su deseo (como Jesús mismo había hecho), no tendrá muchas dificultades en decidir si Jesús es un fraude o si ha sido enviado del Cielo (v. 17). Una de las credenciales de nuestro Señor es su preocupación por la gloria de Dios, más que por la suya propia (v. 18). Los líderes de los judíos podían profesar estar buscando la gloria de Dios, pero un análisis práctico demostraba lo contrario. Ellos se gloriaban en Moisés y en la Ley que había dejado para ellos, pero demostraban la injusticia en que vivían, quebrantando la Ley. Su mismo

intento de matar a Jesús era homicidio, el quebranta-
miento del sexto mandamiento (v. 19, cp. 5:16, 18).

Sabiendo que Su curación del paralítico en día de
sábado irritó a los judíos, Jesús vuelve a sacar el asunto a la luz del día, de manera que se pueda relacionar
con la Ley (vv. 21-24). Moisés había dispuesto la obser-
cia del sábado, ciertamente, pero había legislado también que la circuncisión tenía que tener lugar el octavo
día (Lv. 12:3). Si el octavo día caía en sábado, el deber
de la circuncisión (que implicaba trabajo) tenía prece-
dencia sobre el deber del descanso sabático. Evidentemente, la renovación de un hombre era tan importante
como el cumplimiento de una ceremonia. Por lo que parecía, los judíos se mostraban incapaces de hacer juicio
justo (v. 24, cp. v. 8).

Estas afirmaciones suscitaron la discusión acerca
del punto central de debate: la persona, la obra, y la
autoridad de este Maestro de Galilea (vv. 25-31). Los re-
sidentes locales, que conocían bien la animosidad de
sus líderes contra Jesús, encontraban difícil de comprender por qué le permitían hablar tan atrevidamente
en público. Casi parecía como si estuvieran cambiando
de actitud, inclinándose a creer que este profeta era
ciertamente el Mesías (vv. 25-26). Pero esto era increíble,
porque incluso ellos, que carecían de formación, se daban cuenta de que Jesús no podía ser el Mesías. Conocían Su origen, y las autoridades lo conocían también.
Le faltaba el misterio que el verdadero Mesías tendría
(cp. Mt. 24:23-25). Quizás esto refleje la influencia de los
escritos apocalípticos judíos, que representaban al Mesías como una figura celestial, viniendo repentinamente
a ayudar a Su pueblo.

Jesús no puede permitir ser rebajado tan a la ligera.
Su contestación enfatiza que lo que ellos conocen de Su
vida sobre la tierra es verdad, pero que ignoran su origen celestial, y que esta ignorancia revela el desconoci-
miento que tienen de Dios, quien le había enviado
(v. 28). Esto provocó que se sintieran ultrajados y hubiera un movimiento para prenderle, pero este intento

quedó en nada. Puede haber sido esta circunstancia, añadida a los milagros de días anteriores, lo que constriñera a algunos del pueblo a tener la opinión de que ninguno que pretendiera el título de Mesías podría hacer mayores obras que éste (v. 31). Nada hay que indique que esta muestra de fe fuera más genuina que en ejemplos anteriores (cp. 2:23-25). No obstante, esto aguijoneó a las autoridades a actuar. Despacharon alguaciles para que prendieran a Jesús (v. 32).

Mientras tanto, el Señor continuaba Sus enseñanzas. Algunos le están buscando debido a la espectacularidad de Sus milagros. Otros le buscan para arrebatarle su vida. El último grupo conseguirá su objetivo, pero solamente cuando llegue la hora de su partida (muerte, etcétera). Después de ello será inútil buscarle, sea bajo la presión de las cargas impuestas por los líderes religiosos o por las angustias ocasionadas por un desastre nacional. Ahora es el día de la salvación para ellos, si la van a abrazar. El mensaje sobre su partida provocó especulaciones acerca de si Jesús estaba considerando retirarse de Palestina e ir a los judíos de la diáspora, donde hallaría también a gentiles (en las sinagogas). La gente no se daba cuenta de que el Señor iba a volver al Padre.

Para añadir a sus otras credenciales —enviado de Dios, buscando la gloria de Dios, y después volviendo a Dios— hay la elevada prerrogativa de suministrar el Espíritu (vv. 37-39). La ocasión de esta afirmación la constituyó la finalización de la fiesta. Cada día, como parte de la celebración por la preservación de Israel en sus peregrinaciones por el desierto, se había traído un jarro de agua del estanque de Siloam al templo, recordando el suministro de agua que fluyó de la roca (Ex. 17). En la misma repetición recaía la confesión de incapacidad (cp. He. 10:1, 2). ¿Persistía la sed? Había Uno que ofrecía satisfacción: *Venid a Mí y bebed* (cp. 4:14; Mt. 11:28). Hay aquí una promesa de una satisfacción más que personal. El alma saciada viene a ser un canal de bendición para otros. No se ha identificado ningún pasaje concreto de las *Escrituras* como presente en la mente de Jesús. Quizás esté utilizando *Escritura* en un sentido colectivo: el consenso de varios pasajes. Esta plenitud, añade Juan, es debida al Espíritu, cuya venida a las vidas de los miembros del pueblo de Dios, de la manera especial y entrañable que aquí se representa, esperaba la consumación de la obra de Jesús en la tierra, y Su glorificación (cp. 16:7-14).

Las palabras de Jesús provocaron una oleada de espectación popular (vv. 40-44). Para algunos, El era el profeta (Dt. 18:15-18), para otros, el Mesías. Aún había otros que presentaban objeciones a esta identificación, sobre la base de que Jesús era de origen galileo (no dándose cuenta de que El había nacido en Belén, como demandaba la profecía de Miqueas). Un grupo compartía la opinión de las autoridades de que Jesús era un enojoso y falso pretendiente. Hubieran deseado prenderle, pero se vieron frustrados. Otro grupo —los alguaciles enviados por la jerarquía— que llegaron en este momento, tampoco tuvieron éxito, pero por otros motivos. Quedaron abrumados y maravillados ante las palabras de Jesús y lo que éstas expresaban. *¡Jamás hombre alguno ha hablado como este hombre!*: ¡Unas afirmaciones tan sublimes, equilibradas con una humildad tan profunda!

Enojados por su fracaso en su intento de prender a Jesús, y encolerizados por el apoyo popular que había conseguido delante de sus mismas narices, los fariseos dieron rienda suelta a su escarnio en aquella gente que no conocía la Ley (v. 49). Nicodemo se aventuró a sugerir que el conocimiento de la Ley, si era completo, no llevaría a su corporación (el Sanedrín) a juzgar a un hombre sin una audiencia limpia y sin un cuidadoso examen de sus obras (v. 51). Esta queja hirió al resto. ¿Acaso Nicodemo se había vuelto pro-galileo? Galilea no daba ningún profeta. Jesús no podía ser una excepción. Un manuscrito griego, recientemente descubierto, situaba *el* profeta en este lugar, y su estudio pudo haber originado el convencimiento de que Galilea había dado a Jonás, por lo que el debate aquí trataba de *el* profeta (cp. v. 40). Este incidente constituye un paso más entre Nicodemo, el indagador (capítulo 3) y Nicodemo, el atrevido partidario y amigo de Jesús (19:39-42).

13. El testimonio de un Salvador Amante y Perdonador (8:1-11). Esta porción no aparece en los principales manuscritos de Juan. Constituye, indudablemente, un fiel registro de un evento en la vida de nuestro Señor, aunque no una parte del Evangelio, tal como éste fue redactado originalmente.

No pudiendo atrapar a Jesús por la fuerza, los escribas y fariseos intentarían algo más sutil. Le desacreditarían a la vista del pueblo. Sus modales fueron groseros, interrumpiendo al Señor mientras El enseñaba, y arrastrando con ellos a una mujer tomada en adulterio, y poniéndola ante Su presencia. No tenían más consideración por Sus sentimientos que por los de ella. El motivo de ellos era el de conseguir una base de acusación en contra de El (v. 6). El método que utilizaron fue el de enfrentar Su bien conocido amor y amistad hacia los pecadores con la rigidez de la Ley Mosaica, que demandaba la lapidación en tales casos.

A Su manera, Jesús pagó la grosería de ellos, poniéndose absorto, a escribir en el suelo. Les estaba ignorando como reproche a su duro espíritu. Con Su método, consiguió apurar a los intrusos, y tomar la iniciativa. En medio de todo ello, El tenía en mente un motivo pedagógico, mostrando que más importante era tocar la conciencia de las personas que el debate con respecto a las demandas de la Ley. Los acusadores salieron como acusados, acusados por ellos mismos. Esta fue una victoria mucho más grande para la justicia que la sanción de la pena contra la mujer.

La manera en que Jesús trató a la mujer fue de gentileza. Su método fue el rehusar condenarla, sabiendo que no lo necesitaba, ya que su propio corazón la condenaba. Pero no por ello la exoneró, ni dejó de lado su pecado. Su motivo fue asegurarle el perdón y concederle el pasaporte a una vida nueva y mejor.

14. **El testimonio del «Yo Soy»** (8:12-59). Aquí los judíos le hicieron a Jesús un total de siete preguntas, siendo la crucial la de: «¿Tú, quién eres?» (v. 25). Su réplica final afirmó igualdad con el Dios que se revela a Sí mismo en el Antiguo Testamento: «Yo Soy» (v. 58).

Este pasaje empieza, así como termina, con el «Yo Soy» (v. 12), e incluye muchos otros intercalados (vv. 16, 18, 23, 24, 28). Orgullosos de su iluminado liderazgo, los fariseos lamentaban la poca voluntad del pueblo de seguirles (7:48-49). Pero ellos eran ciegos guías de ciegos. Jesús solamente tiene *la luz de la vida* (v. 12; cp. 1:4). El puede iluminar el camino a la gloria para todos los del mundo que quieran seguirle. No valió de nada desafiar Su gran afirmación (v. 13), porque no se trataba de una vanagloria desaforada. El proclamante conocía bien Su origen celestial y Su destino celestial (v. 14). Este sencillo hecho significaba que Sus afirmaciones y juicios estaban respaldados por Su Padre celestial (vv. 16-18). Los oponentes de Jesús le piden que les diga dónde está Su Padre (¿o querían ellos decir Su padre?). El resto del capítulo es una discusión de la filiación, de ascendencia —la de Jesús y la de los guías judíos. No es de extrañar que estos últimos estén en ignorancia del Padre, no habiendo llegado a conocer al Hijo, a pesar de que se halla en medio de ellos, como enviado de Dios (v. 19).

El tiempo está consumiéndose. Sea que los judíos, después que El haya partido, busquen a Jesús por curiosidad o a causa de la desesperación, en medio de sus calamidades, El ya no estará disponible (v. 21; cp. 7:34). Esta vez (contrastar con 7:35), los judíos suponen que El recurrirá al suicidio. Están tan sólo en lo cierto en que va a intervenir la muerte; pero ésta no será auto-provocada. Mediante una muerte impuesta por los hombres y con todo determinada de antemano por Dios —y aceptada por El mismo—, El dejará el mundo para volver al lugar de donde ha venido, manifestando su total desemejanza con Sus asesinos. Dios le recibirá a El, a pesar de que ellos hayan dejado de hacerlo (v. 23). Es ya hora de que consideren la propia muerte que ellos van a sufrir, y que será sin esperanza, a no ser que se confíen en El, porque solamente El tiene el remedio para sus pecados (v. 24).

Llega ahora la acerada pregunta: «¿Tú, quién eres?» Jesús es un enigma para aquellos que rehúsan verle, a la luz de la revelación, como el Hijo de Dios. Lo que se necesita es no más revelación (v. 25), sino un poco de fe. Si Sus oyentes han rechazado la luz, darles más luz solamente aumentará su condenación (v. 26). El futuro le justificará: Su retorno al Padre por el camino de la cruz, al ser éste predicado con poder por Sus testigos, después de la ascensión (v. 28). Complacer al Padre, sea en vida o en muerte *(siempre)* es la delicia del Hijo (cp: 2.ª Co. 5:9). Este desprendimiento pareció hacer impresión en muchos que le oyeron (v. 30).

Una vez más, la fe de ellos era inadecuada. Esta vez, los «creyentes» demostraron su falta de voluntad de *permanecer* en las palabras de Jesús, al empezar El a desarrollarlas (v. 31). La fe es la clave de la verdad, y la verdad trae la libertad. Uno ya no se halla atado al pecado, a la superstición y a la obediencia a unas falsas autoridades, sin esperanza de liberación. Orgullosos como estaban los judíos de la historia que tenían como el pueblo del pacto de Dios, se indignaron ante la sugerencia de que no habían obtenido la libertad. Pasaron por alto la esclavitud al pecado en la que estaban sumidos. Solamente el Hijo les podría dar liberación de su yugo (v. 36).

Los judíos habían presentado la relación de ellos con Abraham como la base de su afirmación de que eran libres. Pertenecían a la raza escogida (v. 33). Jesús reconoce la relación (v. 37), pero no la pretensión basada sobre ella. Los judíos creían que el hecho de descender de Abraham les hacía aceptos delante de Dios. Pero Jesús les mostró que ellos no estaban andando en los pasos de Abraham, y presentó la misma actitud homicida de ellos como prueba.

En este momento, los judíos asumen un aire de superioridad. ¿Por qué no se iban a gloriar en su ascendencia abrahámica? Esto es más de lo que El puede tolerar. La implicación es que Jesús había nacido de fornicación, porque el *nosotros* es enfático (v. 41). Parece que esta calumnia fue inventada en una época temprana. Queda también reflejada en el relato de Mateo del nacimiento de Jesús, donde él expone el verdadero curso de los hechos.

Después de tal acusación, el intercambio entre Jesús y los judíos se vuelve más virulento. Les afirma que el verdadero padre de ellos es el Diablo. En consecuencia, ellos están haciendo sus obras, en lugar de las de Abraham. El Diablo se mostró a sí mismo como *mentiroso* (su falsedad con Eva, Gn. 3:1-5) y *asesino* (Adán y su posteridad recibieron la sentencia de muerte, debido a que él les fascinó a pecar). El homicidio real es relacionado con el maligno en 1.ª Juan 3:12.

En contraste con el Diablo, Jesús habla la verdad. Sus oyentes muestran su filiación satánica al rehusar la verdad. Muestran que no son de Dios (vv. 45-47). Continúa siendo la filiación la carga del argumento. Los judíos revelan la malicia que tienen al sugerir que es Jesús, y no ellos, el que está asociado al Diablo (por tener un demonio en El) y que es un samaritano, con lo cual tendrían en mente la sangre mezclada de aquella raza, avivando con ello la calumnia sobre Su origen (cp. v. 41).

Una vez más Jesús advierte que deshonrarle y rechazarle constituye una invitación al juicio divino (vv. 49-50). Pero recibirle y seguir Su Palabra significa la evitación del juicio. El que tal haga nunca verá la muerte (cp. 11:25). Rechazando esto como ridículo y como evidencia de que estaba poseído, los judíos intentan discutir con Jesús, mostrando que la muerte había reclamado a los santos hombres del pasado, incluyendo a Abraham (v. 52). Todavía tratando a Jesús de mero hombre, le preguntan si es que se considera mayor que Abraham (v. 53).

Jesús prefiere no decir nada que pudiera contarse como un intento de glorificación propia. Puede descansar contento en el conocimiento de que ,el Padre le honra (v. 54). Pero ya que Abraham ha sido introducido en la conversación, Él tiene que poner a Abraham y a Sí mismo en la debida perspectiva. El patriarca, tan honrado por los judíos, esperaba anhelosamente, proyectando su mirada hacia adelante, a Cristo y Su día. ¡Pensar que sus descendientes estaban viendo aquel día con sus propios ojos y que, a pesar de ello, estaban despreciando a Aquel en el que Abraham se gozó!

Incapaces de seguir estas líneas de pensamiento, los judíos hallaron terreno nuevo para burlarse de la afirmación de Jesús sobre Su relación con Abraham. ¿Había Él visto a Abraham? (y poner la pregunta en esta forma sugería una superioridad de Abraham sobre Jesús). La respuesta fue sublime: *Antes de que Abraham fuese, yo soy* (cp. 1:3, 30). Esta era la forma en que Jehová Dios se había revelado a Sí mismo (Ex. 3:14). Este hombre, a quien ellos acusan de estar poseído por el demonio, afirma ser el Dios eterno. Nadie hubiera podido quedar más claramente definido que esta controversia.

15. **El testimonio de la Luz del Mundo** (9:1-41). La afirmación anterior de Jesús (8:12) toma ahora un significado concreto. El caso del hombre ciego de nacimiento era, por su misma naturaleza, desesperado desde el punto de vista humano (cp. v. 32). Los discípulos de Jesús, como los amigos de Job, asumen que toda notable desventura tiene que conectarse con el pecado. Cuán extraño era que tuvieran que atribuir la aflicción de este hombre a su propio pecado, lo que hubiera demandado que lo hubiera cometido antes de nacer, esto es, en una existencia previa. Para esto la enseñanza de las Escrituras no da base ninguna.

Jesús elevó de inmediato este asunto a un plano in-

finitamente superior, indicando que aquella aflicción
tenía como propósito servir a la gloria de Dios (v. 3).
Instantáneamente, la desgracia entra en un nuevo encua-
dre. Aparece como un privilegio, y no como una carga.

Rápidamente, el Maestro Constructor se puso a la
obra (cp. 5:17) de hacer brillar la luz allí donde las tinieblas habían estado durante tanto tiempo. Pero, con
todo, no efectúa la curación de inmediato, sino de forma que pruebe la fe del hombre. Esta escena recuerda
la de la creación en dos aspectos. Así como el hombre
fue formado de la tierra, así vuelve a utilizar este material para la reconstrucción. Además, así como el Creador había dicho: «Sea la luz», así de nuevo renueva el
mandato. El nombre Siloé (enviado), toma un doble
significado, simbolizando la obediencia del ciego y la
sublime obediencia de Cristo al venir al mundo, a la
indicación de Su Padre, para que fuera la luz y la vida
de los hombres.

Para los vecinos, la curación revistió un interés personal intenso. Tuvieron al principio el problema de la
identificación, porque unos ojos con vista pueden representar una transformación muy grande de la perso-
nalidad (vv. 8-9). El que hasta entonces había mendiga-
do, solventó la discusión de una manera adecuada. El
era el que había sido ciego, sin posibilidad de confusión. Después de que se dilucidara el *quién*, tenía que
investigarse el *cómo*. Es digno de notar que el hombre
no intentó capitalizar su repentina fama, tratando de
engrandecer el milagro. Hubiera sido muy fácil inven-
tar unos cuantos detalles. El se contenta con la verdad.
Este tipo de persona le es más útil a Cristo que aquel
que exagera cuando da cuenta de su testimonio personal.

Se da una indicación de que va a haber problemas,
por la conjunción de dos hechos. En primer lugar, el
hombre es llevado ante los fariseos; en segundo lugar,
el milagro se hizo en sábado (vv. 13-14). Era de esperar
que estos líderes suscitaran el tema de la violación del
descanso sabático. Del relato del hombre creyeron que

tenían cantidad de razones en que basar su queja. Lo único que no cuadraba era que la obra había sido de tanta humanidad y tan singular. ¿Podría un pecador efectuar tales obras? No es de asombrar que algunos fariseos se quedaran perplejos y cavilando. Estaban realmente frente a algo asombroso (v. 16).

Para salir de la propia discusión que tenían entre ellos, los líderes interrogan al hombre que tenían delante. ¿Cuál es la opinión que tiene de su benefactor? La respuesta —*Que es profeta*— descansa sobre el hecho de que muchos profetas de la antigüedad habían hecho maravillas, y que ahora que había aparecido Juan el Bautista (aunque él no hizo nunca un milagro) parecía que el orden de los profetas había sido instituido de nuevo.

Sería posible todavía, razonaban los fariseos, negar totalmente el milagro si se pudiera persuadir a los padres de que su hijo no había estado ciego (v. 18). Pero los padres no fueron de gran ayuda, ya que admitieron que su hijo había sido ciego desde su nacimiento. La falta de disposición que mostraban a decir nada más fue dictada por el temor que sentían hacia los líderes. Prefirieron que su hijo asumiera todo el riesgo que existiera en la narración de su curación. No queda evidente todo lo que estuviera involucrado en la amenaza de expulsar de la sinagoga a los que confesasen a Cristo (cp. 16:2). Westcott habla de ello como «exclusión de toda comunión religiosa».

Después de no llegar a ninguna parte con los padres, los líderes decidieron hacer un segundo examen del hijo (v. 24). Al demandarle que diera *gloria a Dios*, le intimaban a que dijera todo lo que supiera acerca de este asunto (cp. Jos. 7:19). Y después intentaron poner palabras en su boca —trampeando con un testigo al afirmar que Jesús era un pecador (cp. v. 16). Así como los padres tenían un *sabemos* equilibrado con un *no lo sabemos* (vv. 20, 21), igualmente sucede con el hijo. Su experiencia personal no llevó a encontrar a un pecador en Jesús. El estaba dispuesto a dejar este asunto a los

teólogos. Pero se contentaba con afirmar lo que él conocía, de una manera positiva e inmutable. El mismo,
antes ciego, ahora veía (v. 25). Jesús había provocado la
diferencia. Aquí estaban la convicción y el atrevimiento
que marcaron el testimonio apostólico en Jerusalén más
adelante, y que tanto enojaba a las autoridades (Hch.
4:20).

En este punto la investigación empezó a deterio-
rarse de mala manera, demandando los líderes otra relación del milagro, y con el hombre ante ellos impacien-
tándose ante sus tácticas. Mostró su ofensa, burlándose
de sus interrogadores. ¿Acaso están interesados en los
detalles porque quieren hacerse discípulos de Jesús?
El sarcasmo era punzante en su severidad. De una manera débil proclamaron su lealtad a Moisés (v. 28).

Para ponerse a la par con el conocimiento que habían anteriormente afirmado acerca de Jesús (*sabemos*
que este hombre es pecador), los líderes profesan ahora
ignorancia acerca de Su procedencia (v. 29). Esta es
una sorprendente admisión en opinión del testigo. Ellos
son los líderes religiosos de su pueblo y, a pesar de
ello, no tienen conocimiento de la identidad y de las
credenciales de su bienhechor. Le parece evidente por
sí mismo a esta mente sin refinamientos, que Dios no
hubiera dado el poder de efectuar tal milagro maravilloso, nunca oído, a uno que fuera un pecador. Los líderes
estaban llevando la peor parte del argumento, y lo sabían. A fin de no quedar más en ridículo, concluyeron
repentinamente la entrevista, despidiendo al hombre
de su presencia, y al hacerlo así cayeron tan bajo como
para estigmatizarle diciéndole que había sido ciego toda
su vida a causa de pecado (cp. v. 2). Este fue un golpe
cruel. Entonces le arrojaron de la sinagoga, posiblemente en cumplimiento de la amenaza hecha antes, a pesar de que no había confesado a Jesús como el Cristo
(cp. v. 22). Pero pronto iba a descubrir que no estaba
cortado del favor y la comunión divinos. Otro había que
estaba dispuesto a aceptarle (v. 35). Jesús le buscó, le
halló, y se le reveló como el Hijo del Hombre (texto

griego). Al hacerlo así, El aceptó su adoración (cp. 20: 28). Esto por sí mismo ya indica que el título de *Hijo del Hombre* indica mucho más que humanidad.

Todo lo que le quedaba a Jesús era exponer la doble lección de este episodio. El hombre ciego era representante de una clase de personas que reconocían sus limitaciones y que se volvían agradecidas a El para obtener ayuda. Pero los fariseos no querían admitir ninguna necesidad, porque eran soberbios y autosuficientes. En realidad, eran ciegos (Mt. 23:24), especialmente respecto a su propia corrupción en sus corazones. Rehusaban dar la bienvenida a la Luz del mundo. El pecado de ellos permanecía.

16. **El testimonio del Buen Pastor** (10:1-42). Es evidente la línea estrecha de pensamiento con el capítulo anterior. No solamente está fresco el milagro de la curación en la mente popular (10:21), sino que el hombre que había estado ciego, aunque no aparece en persona, queda perfectamente descrito en la figura que se da de las ovejas que responden al pastor. E, igualmente descritos con claridad en el lienzo del pensamiento, se hallan los fariseos (vv. 1, 10, 12, 13), que no se preocupan para nada de las ovejas que se supone están bajo su cuidado. El *os* (v. 1) parece incluir a aquellos que están a la vista al final del capítulo 9.

Analizando, notamos que el material está dispuesto en dos porciones de una extensión bastante similar. Viene primero la presentación de Jesús como el pastor (vv. 1-18); a continuación, después de una sección transicional (vv. 19-21), una conversación viva entre El y los líderes judíos acerca del tema de Su propia persona (notar el v. 24).

El capítulo se abre con una parábola (v. 6). Pero no aparece aquí la palabra de uso normal para parábola. El término utilizado aquí significa proverbio o adivinanza. Aparece de nuevo en 16:25, 29, y denota algo que envuelve ilustración, pero que todavía necesita explicación. Todos los detalles son familiares para el que esté familiarizado con la crianza de ovejas en Palestina, pero las verdades espirituales latentes aquí precisan ser desarrolladas.

No se debe identificar, en absoluto, a los intrusos con los piadosos líderes antiguos. La identificación se aplica a los que hacen sus propias normas para la entrada al reino de Dios y utilizan sus influencias para trasquilar a las ovejas. El portero no es la cuestión central aquí. El centro de interés lo constituyen el pastor y las ovejas. De los dos, el pastor es el que pide más atención. En la vida ordinaria esto podría no ser cierto, porque podría quedar muy a la sombra, tan sólo como un elemento dado por supuesto. Pero aquí nada de lo que hacen las ovejas se toma como independiente de él. El es la clave indispensable de su bienestar: su llamada las lleva a los pastos, y su posición a la cabeza del rebaño, obliga a las ovejas a seguirle. Nadie más puede tomar su lugar (v. 5).

La parábola cayó en oídos sordos (v. 6; cp. 9:41; Mr. 4:11-12). Dulcemente, el Señor expuso sus implicaciones para beneficio de los que escuchaban. La puerta y el pastor son distintos en la parábola (v. 2), pero ahora se aplican ambos conceptos a El (vv. 7, 11). Esto está totalmente justificado, pues la puerta es figura de la salvación (v. 9) mientras que el pastor es el que provee la vida (vv. 10, 11). No importa cuántas ovejas haya, su pastor las conoce a todas, así como las que son suyas le conocen a El (v. 14).

Jesús es el *buen* pastor, por otra razón. El es totalmente diferente de los ladrones que vienen a destruir el rebaño (vv. 8, 10). Todos los que vinieron antes que él eran ladrones y salteadores, quitándole a Cristo la gloria singular de Su condición de Salvador y robando a las ovejas, al ofrecerles falsas esperanzas. Solamente Cristo puede dar vida, y este don lo da en abundancia, porque es la misma vida de Dios y, por lo tanto, inagotable.

Como buen pastor se pone también en contraste con el asalariado. Mientras que Su propio amor por

las ovejas era suficiente como para hacerle morir por
ellas (v. 11), la preocupación de los asalariados es tan
ligera, que piensan más en su propia comodidad y seguridad, que en la responsabilidad que tienen por el
cuidado de las ovejas. No pueden, a diferencia de Cristo, hablar de *mis* ovejas. La Iglesia sufre por éstos,
como también por los lobos que desparraman al rebaño (Hch. 20:29-30; cp. 1.ª P. 5:2).

El redil del judaísmo constituye el núcleo del rebaño del Buen Pastor, pero El reclama muchas ovejas
más, haciéndolo antes de que sean apartadas de sus
caminos de error. Ellos oirán Su voz, resonando por
medio de la llamada del Evangelio, aunque ésta pueda
ser proclamada por hombres. Jesús sabía que El había
sido enviado a las ovejas perdidas de la casa de Israel,
pero anticipó una reunión de carácter universal, una
gran multitud reunida a Su alrededor; *un rebaño* (no
redil) y *un pastor* (v. 16; cp. un cuerpo... un Señor, Ef.
4:4-5).

Caro será el precio de compra de este rebaño casi
innumerable, la misma sangre viva del Hijo de Dios.
Pero será pagado con contentamiento, libremente. Su
muerte será tan poco asunto de presión humana como
de obligación divina. Aunque el Padre no forzará este
sacrificio, El lo confrontará con una respuesta de amor
enriquecedora (v. 17). Con la misma libertad con que
pone Su vida en el altar, Jesús promete volverla a tomar. El sabe que la muerte no le puede retener (v. 18).

Estas palabras de Jesús, culminando con la promesa de Su muerte redentora y de Su resurrección, eran
inaceptables para *muchos* de los judíos, que decidieron revivir la acusación de que estaba poseído por el
demonio, y por lo tanto, loco (Mt. 12:24). Por su cegue-
ra y terquedad anunciaban el hecho de que no pertenecían al rebaño del Señor. Pero aún había otros que
no podían quedar persuadidos de la locura que se le
atribuía a Jesús. ¿Cómo podían estas palabras ser pro-
ducto de la locura? No podían olvidar la buena obra

hecha con el ciego. De nuevo, el Señor Jesus provocó división (cp. 7:43; cp. Lc. 12:51).

La última nota con respecto al tiempo, había situado a Jesús en Jerusalén, en la Fiesta de los Tabernáculos (7:2), que caía en el otoño. Ahora había llegado el invierno (10:22), y el pueblo estaba observando la Fiesta de la Dedicación, conmemorando la reconquista de Jerusalén por los judíos patriotas bajo Judas Macabeo, en los días de la revuelta macabea contra Siria. El templo, contaminado por el gobernante pagano Antíoco Epífanes, fue purificado y restaurado a la adoración de Dios.

A pesar del intervalo, las palabras de Jesús acerca del buen pastor no habían sido olvidadas. Los judíos le rodearon en el templo hasta formar una multitud, presionándole a que se afirmara a Sí mismo acerca del tema de Su condición de Mesías (v. 24). El creyente sabe que Jesús es el Cristo; tiene el testimonio del Espíritu (1.ª Jn. 5:5-6), pero el no creyente no tiene ningún terreno firme sobre el que mantener que Cristo *no* es el que afirmaba ser. Esta es la razón por la que la incredulidad no puede dejar a Jesús en paz. Sus afirmaciones continúan turbando el mar, por otra parte tranquilo, de la autosatisfacción religiosa.

Las palabras de nuestro Señor habían sido lo suficientemente claras. El manifestar con toda claridad que El era el Cristo, no implicaría una afirmación mayor de la que ya había hecho (5:17; 8:12; 10:7, 11, etc.). Solamente provocaría de nuevo la acusación de blasfemia e inflamaría a Sus adversarios. Así que Jesús simplemente señala Sus *obras* (v. 25). La dificultad no reside en Sus credenciales, sino en la falta de voluntad de la nación en recibirlas y, por tanto, en recibirle a El. Estos líderes carecen de fe, y por ello, proclaman que no pertenecen a sus ovejas (v. 26). El judaísmo, del cual ellos se enorgullecían, no era lo mismo que el rebaño sobre el que El presidiría (cp. v. 16).

Una de sus mayores obras es la provisión eterna que El hace para Sus ovejas. Ningún poder podrá arrebatarlas de Su mano protectora, que actúa juntamente con la del Padre (v. 29). Esto es tan sólo una reafirmación de lo que se espera que Jehová haga por los Suyos propios como Pastor (Sal. 23). Los dos que así cooperan son uno mismo en esencia, en propósito y en obra —Padre e Hijo (v. 30). Jesús se ha enfrentado al desafío de los judíos (ver v. 24) al expresar Su mesianismo en términos de igualdad con el Padre. La ofensa hirió profundamente y hubo amenaza de violencia allí mismo, sobre el terreno (v. 31).

¿Le están atacando los judíos por una *buena* obra, les pregunta Jesús con un acento de triste ironía? No, es la persona, no la obra: la persona que Jesús mismo afirma ser. Siempre es éste el quid de la cuestión. ¿Es El quien vino del Cielo, humillándose a Sí mismo para servir a los hombres, o se trata de un mero hombre, exaltándose al rango de la deidad? (v. 33).

Jesús se enfrenta a este desafío apelando a las Escrituras. En el Salmo 82, Dios llama dioses (Elohim) a los jueces de Israel porque están destinados a llevar a cabo una obra que es peculiarmente de Dios. Juzgar es Su competencia. Si tal uso del lenguaje es legítimo, ¡cuánto más la confesión de que Dios le ha santificado y le ha enviado al mundo, de manera que posee una singularidad que aquellos hombres de la antigüedad no poseyeron! (v. 36).

La afirmación de Jesús solamente podía quedar establecida delante del hombre natural, mediante obras apropiadas que confirmaran Su condición celestial, por lo que retorna a este énfasis (vv. 37-38). Pero con corazones de piedra rechazaron de nuevo esta palabra, y demostraron su incredulidad mediante un intento de prender a su presa como a un enemigo peligroso (v. 39). Retirándose a uno de los refugios de Juan el Bautista más allá del Jordán, Jesús hizo volver las mentes de los hombres al testimonio que Juan había dado de El. Juan mismo, con toda su grandeza, no hizo ninguna señal. No había abierto los ojos de ningún ciego. Pero su testimonio de la superioridad de Aquel que venía después de él había sido abundantemente probado. Los incrédulos tendrían que dudar de Juan, además de Jesús, para ser coherentes. Y muchos no estaban dispuestos a ir tan lejos (v. 42).

17. El testimonio de la resurrección de Lázaro (11:1-57). Este incidente, no relatado en los sinópticos, halla su puesto en este Evangelio, por lo menos por dos razones. En primer lugar, elevó al máximo la confrontación creciente entre las autoridades religiosas y Jesús, y contribuyó directamente a Su muerte. En segundo lugar, es indudable que se pretende con ello ilustrar anticipadamente la victoria del Señor sobre la muerte, en Su propio caso (cp. 10:18). Como milagro, este suceso llevó a su clímax la demostración de que todo el campo de las necesidades humanas, incluyendo la muerte, pueden ser suplidas por la compasión y el poder del Hijo de Dios.

Marta y María no son extrañas a los lectores de los evangelios sinópticos (Lc. 10:38-42). Pero en este caso, como en otros, Juan suplementa la tradición sinóptica, porque trae a la palestra a Lázaro, acerca del cual Lucas no dice nada. Pero la caracterización que Juan hace de las dos hermanas concuerda con la de Lucas: Marta, asumiendo la responsabilidad de una manera tan enérgica; María, viviendo en las profundidades de un espíritu tranquilo y reflexivo, pero tan entregado en su devoción a Jesús.

Juan es explícito con respecto a la localización del hogar de estos tres hermanos. Estaba en Betania, una ciudad a dos millas (3 Kms.) al este de Jerusalén. También identifica a María como la mujer, no nombrada en los otros evangelios, que ungió a Jesús en una cena en la ciudad de ella (Mr. 14:3).

Lázaro hubiera podido no aparecer nunca en las Escrituras, a no ser por su enfermedad. Su propia condición era un llamamiento suficiente; el mensaje de las hermanas al Señor ausente no contenía ninguna petición expresa. La necesidad humana encontraba siempre una respuesta de simpatía en el corazón de Jesús. ¡Cuánto más, cuando Su querido amigo yacía languideciendo!

La paradoja de Su aparente apatía (el Salvador no se movió en dos días), a pesar de Su amor por Lázaro, se resuelve con el comentario de Jesús de que su enfermedad era para la gloria de Dios (v. 4). Otras enfermedades han probado serlo, en diferentes maneras (2.ª Co. 12:7; Gá. 4:13).

Jesús, sabiendo lo que iba a hacer, como siempre, encontró conveniente compartir Su intención con Sus discípulos, porque ellos estaban siempre con El (vv. 7-16). Primero, les sorprendió cuando les anunció el retorno a Judea. A Sus compañeros les parecía un plan peligroso. Después de todo, habían salido de Judea hacía poco tiempo debido a la violenta oposición (10:39-40). El Maestro aseguró a sus temerosos seguidores que El no estaba tropezando inciertamente en la oscuridad (vv. 9-10; cp. 8:12; 9:5). Los discípulos pueden seguirle con tranquilidad, incluso cuando les parezca peligroso.

Un segundo propósito de esta conversación con los Doce era el de explicar qué le había sucedido a Lázaro, y exponer Sus propósitos con respecto al muerto. Presentó el asunto de una forma críptica (Lázaro será despertado de su sueño), pero ésta no era una forma enteramente nueva de hablar de la muerte (Mr. 5:35-39). Llegó a ser normal en la Iglesia primitiva (Hch. 7:60; 1.ª Ts. 4:13-14).

Los discípulos aprovecharán la experiencia, porque avivará y profundizará su fe en el Señor Jesús (v. 15). La fe es una experiencia de crecimiento (2:11; 13:19; 14:1; 20:8). Cada oportunidad de ejercitarla fortalece los lazos con el Hijo de Dios.

Betania estaba conmocionada y llena de vida cuando Jesús llegó allí, aun cuando la muerte reinaba a su alrededor. Los amigos habían venido, algunos desde la cercana Jerusalén, para ofrecer sus condolencias. No le era fácil al Señor ver a las hermanas en privado. Cuando esto se consiguió, primero con Marta, después con

María, el mismo comentario surgió espontáneamente de los labios de ambas (vv. 21, 32). ¡Cuán a menudo, en aquellas terribles horas después de que la muerte visitara su hogar, habían compartido este pensamiento común! La muerte, ellas lo sabían, nunca había tenido lugar en la presencia del Señor. ¿Por qué, oh, por qué no podía Él haber estado allí? Hubiera sido simplemente natural si un toque de amargura se hubiera mezclado aquí con su tristeza, pero no hay ningún reproche abierto por Su retardo en llegar.

Es muy difícil conseguir una representación clara de las esperanzas de Marta. Ella tiene la confianza de que Dios le concederá a Jesús todo lo que Él le pida (v. 22). Esto incluiría en buena lógica la resurrección, porque ella debía saber que el Salvador había resucitado a otros de los muertos. No obstante, cuando Jesús le promete la resurrección, ella no lo toma como una realidad presente, sino que interpreta Sus palabras como refiriéndose a la resurrección en el día postrero (v. 24). Ante la tumba, ella no muestra ninguna esperanza del milagro que va a desterrar su tristeza (v. 39).

Jesús le da Sus mejores palabras para darle energías y subir el nivel de su fe, sin decirle explícitamente lo que se propone hacer. El se señala a Sí mismo (v. 25). Porque Él es *la vida*, Él tiene que ser también *la resurrección*. Si la muerte le pudiera resistir con éxito, entonces Él no sería la vida en el sentido profundo y absoluto. Todo lo que Él es de cara al futuro (la resurrección en el día postrero) también lo es ahora. Lo que se hará después abiertamente, de una manera consumada, se puede hacer ahora en favor de Su amigo Lázaro. Los creyentes en Jesús han probado los poderes de la edad venidera. No existe ninguna diferencia cualitativa entre el poder de Jesús en los días de Su carne y el poder exhibido en los últimos días.

Los muertos en Cristo tienen la promesa de la resurrección (v. 25) y los santos vivientes nunca morirán, esto es, nunca caerán bajo el poder del reino de la muerte, que Cristo romperá con Su propia resurrección (v. 26; cp. Ro. 6:9).

Marta, como Simón Pedro, podía afirmar su fe en la persona de Jesús, incluso a pesar de que su entendimiento de la obra de Jesús estuviera enturbiado (v. 27; cp. Mt. 16:16, 22). La confesión de ella coincide con la de los seguidores de Jesús como un todo (Jn. 20:31; Hch. 9:20, 22).

Esta conversación tuvo lugar fuera de la ciudad (v. 30). Allí permaneció Jesús hasta que María llegó al lugar, cayó a Sus pies y lloró de tristeza (v. 32). Conmovido por la presencia de Su querida amiga, seguida como estaba por judíos llorosos, que no podían hacer otra cosa que mostrar su simpatía con su presencia, Jesús sintió que no podía esperar más para actuar. Era ya hora de ir hacia la tumba (v. 34). Incluso así, Sus propias lágrimas habían empezado a caer. Confrontado con el dolor, la angustia y la tristeza acumulados durante tres años, en una medida que otros no llegan a conocer en toda una vida, Jesús nunca dejó que su propio contacto con el sufrimiento le endureciera o le hiciera impaciente ante la debilidad humana. Su segundo gemido (v. 38) se debió al hecho de que algunos acompañantes interpretaban Sus lágrimas como muestra de impotencia. Parecía tan impotente como ellos ante la muerte (vv. 37-38). Pero no era el momento de discutir. Era el momento de actuar. *¡Quitad la piedra!*

El orgullo de la familia quedó herido por esta orden. Era la ocasión de hablar claro. Marta intervino para señalar que la corrupción ya había empezado. La apertura del sepulcro solamente conllevaría una desagradable experiencia, a añadir al dolor que la muerte ya había infligido. De nuevo, surge momentáneamente el lado oscuro de la providencia al igual que cuando la enfermedad reclamó su víctima hacía unos pocos días. El Señor permite este momentáneo sufrimiento, a fin de que sus amigos puedan quedar sorprendidos por el gozo. En tal hora, cuán atrevidas son las palabras *crees... verás la gloria de Dios* (v. 40). Aquí, la gloria

de Dios es Su poder para hacer retroceder la corrupción. No es de extrañar que los cuerpos resucitados
de los santos sean llamados cuerpos de gloria (1.ª Co.
15:43).

Antes de hablar al muerto, Jesús habla a Su Padre,
y Su oración consiste solamente en una acción de gracias. Tan completo es el acuerdo entre el Hijo y el Padre que es impensable un desvío de la oración. Lo que
la gente oye confiesa este acuerdo. Lo que van a ver
pronto lo exhibe. *¡Lázaro, ven fuera!* El nombre limita
el movimiento dentro del reino de los muertos. En el
día que vendrá todos oirán y responderán (5:28).

Se les permite a los amigos liberar al resucitado
Lázaro de sus vendas (envolturas funerarias). Ellos
pueden hacer esto, mientras que solamente Uno puede
desatar los lazos de la muerte (v. 44). Precisamente en
este lugar, el escritor hubiera podido inyectar unas pocas palabras para describir la feliz reunión del hermano con las hermanas, pero lo pasa por alto. Esto es
un Evangelio. Es mucho más importante delinear el
efecto del milagro en términos de fe y de incredulidad
(vv. 45-46).

Las noticias de la gran señal se convirtieron pronto en el tópico de conversación en los círculos más ele-
vados de Jerusalén y contribuyeron directamente a un
esfuerzo nuevo y determinado de dar muerte a Jesús
(vv. 47-54). En el consejo, los fariseos eran creyentes
de la resurrección, como dogma teológico, mientras
que los principales de los sacerdotes, como saduceos,
no lo eran (cp. Hch. 23:6-10). Pero este asunto no fue
suficiente como para dividirlos aquí, porque se sentían
obligados a unir sus fuerzas para combatir a Jesús, no
fuera que esta reciente demostración de Su poder ini-
ciara un movimiento de revolución popular contra el
que Roma actuaría. En el proceso el *lugar* de los judíos
(¿el templo?) y su misma existencia como nación *privi-
legiada*, se verían amenazados (v. 48). El sentimiento
de frustración fue roto por el dinamismo frío y calcu-
lador del sumo sacerdote Caifás. Ellos no sabían cómo

intervenir en aquella situación, pero él sí. Era una so-
lución sencilla la que él proponía: sacarse de encima
al causante de sus problemas y entonces éstos cesarían
(v. 50). Para Juan era digno de señalar que el consejo
del sumo sacerdote fuera dado de tal manera que, aunque dicho con el propósito de expresar solamente un
curso de acción conveniente, estaba, no obstante, enmar-
cado en términos de sustitución expiatoria. Dios hace
que incluso la ira de los hombres le alabe (Sal. 76:16).
Al comentar acerca de la profecía inconsciente de Caifás, Juan señala que la muerte de Cristo abarcó, en realidad, no solamente a la nación, sino a los hijos de Dios
que estaban dispersos en todas partes. Se asume que la
aceptación de la muerte del Mesías será el paso necesario para hacer de ellos hijos de Dios (cp. 1:12).

El acuerdo del consejo acerca de un plan de acción,
precisaba que Jesús se retirara, porque Su tiempo aún
no había llegado (v. 54; cp. 4:1-3). El resto del capítulo
es de transición, reflejando tanto la fuerza del interés
popular en Jesús, como la determinación de las autoridades de darle muerte (vv. 55-57).

18. **El testimonio de María de Betania** (12:1-11).
En la víspera del principio de la semana santa, los
amigos de Jesús, a quienes El acababa de bendecir tan
ricamente, quisieron honrarle con una fiesta. Aunque
Lázaro estaba allí como participante, Jesús era, sin du-
darlo, el huésped de honor. Los papeles representados
por las dos hermanas están en estricto acuerdo con lo
que se nos revela en los otros lugares: Marta atendien-
do a las necesidades físicas, y María preocupada por
las cosas espirituales. El dolor de esta última ha sido
ya eliminado. Gozo y gratitud rigen su espíritu al derramar, como una ofrenda de gratitud, el ungüento sobre los pies de Jesús, enjugándolos con sus cabellos.
No hay duda de que la fragancia del ungüento dio testimonio de su elevada calidad.

Judas, con su lengua desatada por la oleada de de-
sengaño que le había rodeado, a la vista de este «desper-

dicio», protestó vivamente. No le importaba que el espíritu agradecido de una mujer fuera aplastado por este desconsiderado estallido, o que el Maestro fuera así depreciado, como si fuera indigno de un don tan valioso. Todo lo que le importaba era que el equivalente de una buena suma de dinero se estaba evaporando delante de los codiciosos ojos del traidor. Su profesada preocupación por los pobres era tan sólo una cortina de humo. Este sinvergüenza había estado robando de la bolsa común que le había sido confiada (v. 6).

Jesús perdió poco tiempo con Judas. Una palabra firme le puso en su sitio. En la misma frase va envuelto un testimonio a María: «Dejadla, para el día de mi sepultura ha guardado esto.» No está claro cómo María podía guardar lo que acababa de derramar literalmente. Tenemos que suponer que el Señor la está alabando por ungir Su cuerpo tan cerca del tiempo de Su sepultura. La lección está clara. Jesús aprecia un servicio hecho a Su propia persona. Los pobres nunca quedan más empobrecidos por aquello que es derramado sobre el Hijo de Dios. Son hechos ricos en El, que es su amigo y auxiliador.

Betania había llegado a ser famosa por el milagro de hacía poco. Multitudes de curiosos seguían yendo de Jerusalén a Betania a ver a los dos principales personajes (v. 9). Las autoridades, movidas por la envidia (cp. Mr. 15:10), consideraron seriamente el incluir a Lázaro en sus planes asesinos, simplemente porque él constituía un testigo vivo de Jesús (no tenemos ninguna palabra registrada que haya salido de sus labios). Estos judíos que *se apartaban* para ir a Jesús, desertaban de la opresión que las autoridades habían ejercido. Es esto, más que un movimiento físico, lo que se tiene que entender aquí (v. 11).

19. **El testimonio del Domingo de Ramos** (12:12-19). Ya habían empezado a llegar multitudes de peregrinos para la *fiesta* de la Pascua. Fue pasando la voz, de boca en boca, que Jesús iba a dejar Betania para

dirigirse a Jerusalén, por lo que multitudes, en ambiente festivo, salieron de la ciudad para unirse al pequeño grupo que había salido con Él de Betania. Que ésta era una ocasión especial queda atestiguado por la circunstancia de que Jesús había conseguido una montura, cumpliendo así la profecía de Zacarías 9:9 (v. 15).

Uno de los motivos principales de este Evangelio es el de establecer la amplia divergencia entre el pueblo y Jesús, en cuanto a la comprensión de Su misión. Por ejemplo, en Juan 6 la gente está empecinada en tenerle como rey en un sentido terreno ordinario. Esto queda indicado aquí en varias maneras: Por el título de *Rey de Israel*; por *Hosanna* («salva ahora»); por el agitar de ramas de *palmera*, un símbolo reconocido de la independencia judía desde los tempranos días de los Macabeos; y por el hecho de que la resurrección de Lázaro (v. 18) excitó a la multitud por su demostración de poder. Este poder podía ser utilizado para quebrantar el poder de los vivos (Roma) así como para conquistar a la muerte.

Entre tanto, los fariseos, que ya estaban desalentados por la popularidad de Jesús, pero que habían recibido la guía del saduceo Caifás (11:49-50) y la esperanza de que podrían librarse de este causante de problemas, quedan hundidos por la oleada de entusiasmo que ha introducido, de manera invencible, a Jesús dentro de la fortaleza de sus oponentes. Parece ahora como si no se pudiera llevar a cabo el plan de Caifás. El sentimiento popular en favor de Jesús es demasiado fuerte (v. 19).

20. **El testimonio de Jesús a la sombra de la Cruz** (12:20-50). De las palabras que siguen, revelando la comprensión que el Señor tenía de Su misión, se hace evidente que ambos grupos están equivocados. Ciertamente, Él es el rey de Israel, pero Él no está ofreciendo un reino como el que se esperaba que inauguraría el Hijo de David. Como lo había afirmado la antigua profecía (ver v. 15), Él era un rey manso, trayendo salvación. Este no era el día de Su poder, sino el de Su pa-

sión. Por la misma causa, también estaban equivocados los fariseos, porque iban a ser capaces de llevar a cabo sus propósitos, después de todo, contra Jesús, pero no a causa de que El mereciese morir. No, sino porque estaba dispuesto que El debía morir y así cumplir el propósito divino.

La oportunidad de esta revelación de los pensamientos del Señor la constituyó el esfuerzo de ciertos *griegos* de conseguir una entrevista con El (vv. 20-21). Ya atraídos por el judaísmo, como tantos otros gentiles, habían venido a Jerusalén a adorar al Dios de los judíos (cp. Hch. 8:27). Una figura de la talla de Jesús era de gran interés para ellos.

No obstante, su deseo de conseguir la entrevista se vio frustrado. Lo que sigue se dijo a los discípulos y a los que estaban alrededor. El quid de la cuestión aquí es que *ver a Jesús* es de poco valor a no ser que se le vea a El en muerte (vv. 24, 32). Este mensaje será llevado a los griegos, y si lo reciben tendrán vida eterna. De nuevo, como en Juan 6, la esperanza popular acerca del Mesías como rey de características mundanas, es puesta a un lado por un mesianismo que halla su cumplimiento en la muerte.

Siguen dos descripciones de esta muerte (vv. 24, 32). Una, involucra el caer a la tierra, y tiene una especie de analogía con la sepultura de Jesús, aunque la figura específica es la de una semilla, sementera y cosecha (v. 24). La muerte habla de una vida reproducida —*mucho fruto*. Cristo, como maestro y obrador de milagros, no salva mediante estas actividades. La salvación está en Su muerte. Uno tiene que conocerle como el Crucificado. La misma concepción —una vida entregada— es central en la ley del discipulado (v. 25). El siervo no es mayor que su Señor. La pérdida aparente da una ganancia eterna.

Antes de pasar a la segunda descripción de Su muerte, Jesús expresa Sus propios sentimientos de angustia ante tal prueba. Es, en Juan, el equivalente a la agonía de Getsemaní (v. 27; cp. Mt. 26:38). Existe la misma apelación a la ayuda del Padre y la misma consciencia de que la experiencia que tiene delante de sí es ineludible, si quiere cumplir Su misión. De la misma manera, hay un reconocimiento de presión satánica al enfrentar la Cruz (v. 31) y una confianza en Su victoria sobre los poderes de la oscuridad.

Al fin, Jesús llega a la segunda representación gráfica de Su muerte. Aquí la descripción no es la de bajar, o caer en la tierra, sino la de ser levantado (v. 32; cp. 3:14). No obstante, el énfasis es el mismo que con el grano de trigo; los resultados de la muerte son abrumadores en sus logros. Los griegos son representantes como una inmensa multitud —*todos*— que quedaría bajo el poder atrayente de la Cruz (cp. 6:44). No es de asombrar que el Señor viera Su muerte como una verdadera glorificación (v. 23).

Pero la gente que le escuchaba se quedó perpleja, porque no comprendían cómo era que el Hijo del Hombre podía morir. Si Jesús estaba identificando esta expresión con el Mesías (v. 34; cp. v. 23), Su cristología resultaba confusa. Sus oyentes pensaban en el Mesías como rey, y habían aprendido a esperar al Hijo del Hombre como una figura celeste que llegaría repentinamente para juzgar y regir (Dn. 7:13-14; también el libro de Enoch). De ahí la perpleja pregunta: ¿Quién es este Hijo del Hombre? Jesús estaba solo en Su percepción de que Su misión demandaba la muerte.

Uno no puede dejar de percibir la tragedia en sus últimas palabras al pueblo (vv. 35-36). Es una última llamada a *creer en* la luz (cp. 1:7-9) y a andar en ella. La nación, igual que sus guías, estaba rechazando a su Dios, quien se había revelado a Sí mismo en Su Hijo. A partir de entonces el Señor Jesús se dedicaría a los Suyos (caps. 13-17). El paralelo con Mateo 23:37-39 es notable.

Ya solamente le queda a Juan exponer la profundidad de aquellas tinieblas y la terquedad de aquella incredulidad (vv. 37-43), antes de representar, en una breve escena, el sumario final del Cristo rechazado (vv. 44-50).

La incredulidad de Israel florecía a pesar de los *milagros —¡tantos de ellos!* Florecía, a pesar de la profecía, que hubiera podido ser tomada como una advertencia (Is. 53:1 y ss.). Otras palabras de Isaías (6:9-10) habían descrito de antemano este juicio. No era una arbitrariedad, sino un endurecimiento judicial. La oportunidad, largamente desechada no espera respuesta. La conciencia, cauterizada por la repetida transgresión, deja de funcionar. Así, la nación, endurecida por su resistencia a las afirmaciones de Jesús, *no pudo creer.* Lo que a primera vista parece ser una bienaventurada excepción a la regla general, sólo muestra al final, que la hace más aterradoramente opresiva y envolvente. Todo movimiento de fe que pudiera existir entre *muchos* de los *principales* quedaba abortado. No ascendía hasta el punto de la decisión de confesar a Jesús. El temor a los hombres podía más que el deseo de honrar a Dios (v. 43). Esto es una falsa fe (cp. 2:23-25; 8:30 ss.).

El testimonio final de Jesús reitera los temas familiares de Su ministerio: Su fiel exposición del Padre (vv. 44-45), la necesidad de poner la fe en El (v. 46), el peligro de rechazarle (v. 48), y la bendición de la vida eterna para aquellos que dan respuesta (v. 50).

5

EL TESTIMONIO
DEL HIJO DE DIOS
A LOS SUYOS

(13:1—17:26)

HABIENDO HABLADO Sus últimas palabras a la nación
(12:44-50), sólo le quedaba a Jesús compartir Sus pensamientos de despedida con Sus discípulos (13-16), y
orar por ellos (17). La escena, tal y como aparece en
los otros evangelios, tuvo lugar en el Aposento Alto,
adonde el Señor había ido a comer la Pascua con los
suyos. El relato de Juan no dice nada acerca de la ins-
titución de la Cena del Señor, sino que trata del ministerio de enseñanza de Cristo durante las horas de la
velada.

1. **El lavamiento de pies** (13:1-17). La hora de
Jesús, a la que ha habido tantas referencias, había llegado ya. Conlleva la reunión con el Padre, pero también
la separación de Su grupo escogido. El pastor y las ovejas están a punto de separarse. Esto añade dolor a cada
hecho y palabra, porque todo queda envuelto en un
amor que llega ahora a su cenit (*fin*, en el versículo 1,
significa máximo en calidad). Juan 11:10 es el mejor comentario.

Y la cena acabada (v. 2, RV, versión antigua) no es
la lectura de los mejores manuscritos, que dicen «y
cuando cenaban» (RV 60). Satanás, capaz de penetrar
incluso en este santo lugar mediante su control de
Judas, aparece en agudo contraste con Jesús. El se

ha propuesto que Judas, que durante mucho tiempo ha sido un juguete en sus manos, traicione a Jesús. El odio, no solamente el amor, también ardía aquella noche.

Lo que Jesús va a hacer en el lavamiento de los pies se presenta a la luz de Su propio entendimiento, de Su dignidad y valor. Dios le había enviado. Dios le iba a volver a recibir. Toda la autoridad era suya (v. 3). Y a pesar de ello, estaba dispuesto a inclinarse y a llevar a cabo esta humilde tarea. Y se propuso hacerlo de inmediato, no de una manera simbólica condescendiente, sino que se quitó el manto como lo haría un siervo, haciendo El mismo el trabajo con un lebrillo y una toalla. Los discípulos eran Sus siervos, y hubieran tenido que hacer este servicio en Su lugar (v. 16). En cambio, El lo estaba haciendo por ellos. Lo estaba haciendo, además, en el espíritu de humillación propio que le hizo venir de Dios a lavar al mundo con Su amor y gracia redentores.

Es posible que Pedro fuera el primero en ser ministrado, y protestó por lo inapropiado de ello. El no *sabía* lo que se quería impartir (señálese el contraste con el conocimiento de Jesús en el versículo 3). Cuando se le informó de que el acto tenía un significado mayor que el externo, se mostró dispuesto a que le lavara también sus manos y cabeza (v. 9). En contestación, Jesús le indicó a Pedro que él ya estaba lavado (*louõ*, el baño de todo el cuerpo, Tit. 3:5), algo que no había sucedido con Judas, el no regenerado (v. 11). Pedro tenía todavía necesidad del lavamiento (*niptõ*, utilizado para referirse al lavado de los miembros individuales del cuerpo) de sus pies. El pecado viene al creyente en el curso de su camino por este mundo pecaminoso. El lavado completo es irrepetible, el otro tiene lugar cada vez que es necesario (1.ª Jn. 1:9).

El servicio de Jesús tenía aún otro significado (vv. 13-17). Hablaba, de manera ejemplar, de una vida de servicio humilde de un discípulo a otro (v. 14). Se detecta aquí un paralelismo con: «Que os améis unos a otros como Yo os he amado» (v. 34). De hecho, si no está presente el amor, el acto exterior de servicio no significa nada (1.ª Co. 13:3). Lo que en el fondo se presenta no es una ceremonia de lavamiento de pies, que pierde su realidad allí donde la gente lleva zapatos y anda sobre el pavimento, sino un derramamiento voluntario de servicio, dedicado a los santos y adaptado a cualquier necesidad.

2. **La separación de Judas** (13:18-30). Otra vez el Salvador hace una distinción entre los Once y Judas (v. 18; cp. vv. 10, 11). El no niega que le eligiera para el discipulado. De hecho, solamente al ser ejecutada por un discípulo, se podría sentir la profundidad de la traición de Judas, como la Escritura había indicado. Así como la nación le ha rechazado (1:11), Su propio discípulo le traicionará. El Señor ha vivido con esta terrible perspectiva. Ahora habla de ella, para que en los días venideros los fieles puedan reconocer que su Guía no fue «engañado» por un seguidor falso. Al contrario, nada hubo que quedara escondido de Su conocimiento.

Pero Jesús no podía tomarse esta deserción a la ligera. Su espíritu estaba turbado por ello (v. 21). En tanto que Judas estuviera presente como recordatorio de la traición, la comunión entre el Señor y los suyos no podría dejar de tener obstáculos. El anuncio público de la traición hizo que el pequeño grupo se quedara consternado, pero sirvió al propósito de llevar a una ansiosa indagación, que resultó en la eliminación de Judas de entre ellos. Solamente se le permitió a Juan conocer la identidad del traidor (vv. 25-26), y no dándole en nombre. A Juan le fue dado conocer que el corazón del Salvador, aunque quebrantado por la tristeza, era plenamente capaz de sentir un amor compasivo. La identificación del traidor tendría lugar, extendiéndole el bocado escogido de la comida, como gesto de amabilidad. Judas estaba siendo tratado como el invitado de honor (v. 26). Irónicamente, con el bocado, no fue Jesús, sino Satanás, el que entró en Judas para impulsarle a la traición, y después a su autodestrucción. Recibir algo de Jesús es algo tremendamente diferente a recibirle *a El.*

Una palabra dada tranquila y rápidamente, en voz baja, por el Maestro al discípulo, ahora endemoniado, aseguró su salida. No creó ninguna extrañeza, debido a que el resto supuso que salía para cumplir algún deber relacionado con sus obligaciones como tesorero. Judas salió, con su alma envuelta en las tinieblas del pecado y de la desesperación. La gehenna estaba ya abriendo su cavernosa boca para recibirle (v. 30).

3. **El Señor en Su partida da Su mandamiento permanente** (13:31-35). Volviéndose del lado oscuro de la prueba que tenía ante sí, Jesús la contempla ahora a la luz de la misión que le ha sido señalada. Como en 12:23, nuestro Señor se ve glorificado en la Cruz, y también contempla la glorificación del Padre. Más allá de la Cruz, está la reunión con el Padre. Esto significa la separación de Sus discípulos, que tienen que permanecer, pero cuyos espíritus no deben llenarse de tristeza. Para ser verdaderamente Sus discípulos tienen que *amarse* los unos a los otros, con aquella calidad de amor ya sentida en Cristo, y que pronto se derramaría en la Cruz. Si hay amor, el Señor no estará ausente después de todo, sino viviendo todavía y hablando con *todos* los hombres. Su amor mantiene y gobierna a los Suyos (v. 35).

4. **La profecía acerca de Pedro** (13:36-38). Simón estaba demasiado preocupado por la partida del Señor, como para pensar seriamente en el imperativo del amor, aunque lo haría después (cp. 1.ª P. 1:22). Tenía una curiosidad inquisitiva por los planes de Jesús, y algo de resentimiento porque no se le había incluido en ellas. Siendo uno de los primeros seguidores del Galileo, y el líder reconocido de ellos, estaba dispuesto a vindicar la elección de Jesús. Quizás esto le daría consuelo y le compensaría, en vista de la inminente traición. Poco sabía él de su propia debilidad bajo presión. Nuestro Señor le advierte en contra de ninguna manifestación

impetuosa de devoción. Solamente resultaría en una
negación repetida (cp. Lc. 22:31-34). El doble anuncio
de la traición y de la negación fue un choque terrible
para los discípulos. Jesús lo leyó en sus rostros y empezó a darles Su mensaje de aliento y de confianza.

5. **La reunión futura** (14:1-6). Entre el anuncio
de la partida del Señor y el de la traición y debilidad
en sus propias filas, los discípulos quedaron agobiados
más allá de toda medida. Los corazones se agitaron y
turbaron. Pero cada ocasión de angustia es una llamada
renovada a la confianza en Dios y en Su Hijo. Las cláu-
sulas *creéis* y *creed* son, probablemente, imperativas
en su intensidad. La fe tiene que cubrir ahora el abis-
mo entre lo visible y lo invisible, y para poderlo hacer
tiene que edificar sobre todo lo que Jesús había demostrado a los Suyos de Sí mismo y del Padre (cp. 3:12).
La separación no sería permanente. La mirada de los
discípulos es desviada de la casa en Jerusalén, a otra
casa en la gloria: *La casa del Padre*. Aunque ahora tienen que salir de esta estancia prestada, a enfrentarse
a las incertidumbres de la noche, pueden fijar su vista
en una provisión eterna. *Moradas* les esperan, lugares
en los que fijar su residencia. Ya no habrá más despe-
didas, no más adioses que parten el corazón. Así como
dos de los suyos les habían precedido al aposento de
Jerusalén para prepararlo para la fiesta, así el Señor se
adelantaba para *preparar* el hogar de arriba para la llegada de los Suyos (v. 2). Y todo esto se llevaría a cabo
en vistas de la reunión de ellos consigo mismo para toda
la eternidad. El Cielo sería simplemente otro sitio sin
El, pero con El allí será la cumbre suprema de gloria.

El *camino* por el cual Jesús llegaría al Padre tenía
que quedar claro ante ellos (v. 4), porque les había enfatizado una y otra vez que tenía que morir y resucitar
de nuevo. Tomás profesa ignorancia, tanto respecto del
destino como del camino que seguirá Jesús para llegar
a él (v. 5). El Señor que da la respuesta es El mismo la
respuesta. El es el *camino* indispensable al Padre, por-

que solamente El puede revelar en Sí mismo toda la *verdad* acerca de Dios (cp. 1:14-18), y más que esto, El provee la *vida* de Dios a todos los que vienen a Dios por medio de El. Vida es la palabra que predomina en los «Yo soy» de nuestro Señor.

6. **El privilegio de conocer al Padre por medio del Hijo** (14:7-14). La pregunta de Tomás había revelado su ignorancia de que Jesús fuera el camino al Padre. La petición de Felipe reveló una ignorancia aún más seria. Al confesar su deseo de ver al Padre, admitió su fracaso al no haber comprendido que el Padre era revelado por el Hijo. En repetidas ocasiones el Señor había expresado esta gran verdad en Su enseñanza pública (8:19; 10:30, 38). Era de esta unión entre Padre e Hijo que las *palabras* de Jesús provenían (cp. 8:28; 12:49) y también las *obras* (cp. 5:36; 10:25, 32, 37). Si las palabras eran demasiado sublimes para la comprensión humana, entonces debería permitirse que las obras dieran su convincente testimonio (v. 11). De manera casi imperceptible, el Señor ha dejado a un lado la palabra *conocer* y ha puesto en su lugar la palabra *creer*. Solamente se puede conocer la verdad espiritual acercándose a ella a través de la puerta de la fe (cp. 2.ª Ti. 1:12). Y así es también con las obras. Estas surgirán de la fe en el Hijo (v. 12). Jesús había prometido *obras mayores* a la gente, al efectuar una de Sus primeras señales (5:20). Aquí las promete a Sus discípulos, no para ser hechas a ellos, sino por ellos. Pero ya que tales obras —mayores en cantidad, pero no en calidad— tendrán lugar debido a que El habrá ido al Padre, éstas serán, en realidad, efectuadas por el Señor resucitado (cp. Ro. 15:18-19). No pueden esperarse de una forma automática, sino en respuesta a la oración (vv. 13-14). No se impone ningún límite al ministerio de la oración, en tanto que las peticiones sean hechas en el nombre de Jesús. Ello envuelve el reconocimiento de que el discípulo no puede contribuir con nada, excepto con su confianza, arraigada en la fe, de que el Señor resucitado

obrará poderosamente, como en el tiempo pasado. En esto, también, el Padre y el Hijo son inseparables, porque el Padre es glorificado en el Hijo.

7. Obediencia y el don del Espíritu (14:15-21).

Aunque el Señor va a ausentarse, Sus mandamientos permanecerán como expresión de Su voluntad. El amor por El también permanecerá y servirá como inspiración para guardar los mandamientos (v. 15). Esta obediencia abrirá el camino del Espíritu como don de Cristo. Aunque el Espíritu es otorgado de manera soberana, Su operación efectiva depende de la obediencia de los santos (Hch. 5:32). De forma notable, Jesús afirma que el don del Espíritu es el resultado de Su propia oración al Padre. Si el Hijo tiene que orar de esta manera, ¡qué luz no derrama ello sobre la necesidad que los discípulos tienen de orar!

Aquí se hacen ciertas revelaciones importantes acerca del Espíritu. Es llamado *Paracleto*. Esto se traduce como Consolador en nuestras versiones comunes, pero es una traducción deficiente, a no ser que vayamos a la raíz etimológica de la palabra para llegar al significado de *Fortalecedor*. El Señor Jesús había sido una fuente inagotable de inspiración y de fortaleza para Sus discípulos. Ahora iba a venir *Otro* a ocupar Su lugar. Ello no implica inferioridad, y por ello los discípulos no pierden nada en el cambio (cp. 16:7). En realidad, el Señor no les está dejando, excepto en sentido físico, como pone en claro la secuela de nuestro pasaje presente. Pero el énfasis inmediato queda sobre la presencia residente del Espíritu —*para siempre* (v. 16).

¿En qué manera será el Espíritu un Fortalecedor? Se especifican dos áreas. En primer lugar, fortalecerá mediante Su instrucción y Su consejo. En esta capacidad El es llamado el *Espíritu de verdad* (v. 17; cp. 15: 26; 16:13). Cristo, como la verdad (14:6), ha sido el maestro de estos hombres. Ahora, este otro Consejero asumirá esta tarea. En 15:26-27 se revela una segunda esfera de Su actividad fortalecedora, estrechamente relacionada con Su enseñanza. A pesar de la presión y de la hostilidad del mundo, los discípulos podrán dar testimonio de su Señor gracias al testimonio del Espíritu, en y por medio de ellos.

El mundo es incapaz de recibir al Espíritu (cp. 1.ª Co. 2:14), siendo incapaz de verle (1.ª Co. 2:9) o de conocerle (1.ª Co. 2:11). Pero los creyentes le conocen como una presencia permanente, interior (v. 17). Así como Cristo es divisor entre los hombres, así lo es el Espíritu que viene en Su nombre.

El Espíritu será ciertamente un solaz para aquellos corazones heridos y solitarios. Pero el Señor mismo vendrá a ministrarles, para que no sean «huérfanos» (v. 18). Este no será su retorno, como en el versículo 3, sino Su contacto con ellos mediante Sus apariciones ya resucitado, como demuestra el siguiente versículo. El mundo no vio más a Cristo después de Su prueba en el Calvario, pero sí apareció a los Suyos y les hizo participantes de Su vida en resurrección. Lo que esto significa se explica en término extraordinariamente maravillosos: no solamente que su Señor pertenece a la gloria, uno con el Padre, sino que tienen el punto focal de su vida espiritual en Cristo, y que Él les habita (v. 20). ¡Esto es ciertamente vida! Hombres mortales, hombres pecadores, ¡atrapados dentro de la vida de Dios!

A fin de que no se piense en esta vida como en una mera existencia, Jesús la define en términos de *amor*. Amor por el Maestro, que conlleva la participación en el amor del Padre y en el del Hijo, porque los dos son uno en amor, como en todo lo demás. En tanto que reine el amor por Cristo en el corazón, ello traerá repetidas manifestaciones del Señor, incluso cuando las reuniones posteriores a la resurrección hayan llegado a su fin y el Salvador haya sido ascendido al Cielo (v. 21).

8. **Provisiones especiales hechas por el Señor en Su partida** (14:22-31). La primera de éstas es Su propia

presencia, continua e infatigable, compartida por el Padre (v. 23). Jesús había prometido que se manifestaría a Sí mismo (v. 21), pero la habitación permanente era aún más preciosa. *Morada* es la misma palabra que la usada en el versículo 2. Las moradas celestiales ya son lo suficientemente atractivas, pero quedan remotas. Aquí, el tiempo y el espacio quedan anulados. Cristo promete habitar con Su pueblo.

Una segunda provisión es con respecto al Espíritu. Había sido mencionado por el Señor como el gran don para los días que tenían que venir (vv. 16-17), pero ahora se revela uno de Sus principales oficios. El será el Maestro. Jesús lo había sido en un sentido superlativo. De manera muy natural el Espíritu no ignorará su enseñanza básica, sino que la recordará a fin de construir sobre ella (v. 26).

La *paz* es aún otra provisión, y esta paz lleva la propia estampa de Cristo. Es Suya de una manera especial. El mundo no puede dar un don así, porque no lo posee. No hay paz para los malos. Cuando la paz de Cristo reina, el corazón está libre de angustias y temores (v. 27). Esta paz enfrenta una prueba inmediata, porque el Salvador está a punto de dejarlos. Pero ya que El va al Padre, los que permanecen deberían *gozarse* en lugar de lamentarse. Cierto, *el príncipe de este mundo* se interpone en el camino. Intentará introducir una cuña entre el Padre y el Hijo. Pero fracasará. No puede conseguir ningún asidero en este terreno santo. Se enfrentará con Aquel que está preparado para llevar a cabo los *mandatos* del Padre, cueste lo que cueste (v. 31).

9. **La vida permanente** (15:1-11). La unión con Cristo, ya proclamada en 14:20, tiene aquí un giro especial, asegurando una relación continua y bendecida con el Señor, a pesar de que esté separado de los Suyos. Como *verdadera vid*, la vid de poder espiritual supremo, Cristo posee una posición que le relaciona tanto con Dios el Padre como con Sus seguidores. Como

labrador (ciertamente, un humilde título para el Dios Todopoderoso), el Padre lo dirige todo. Es a causa de El que se produce el fruto (cp. v. 8).

Cada creyente en Jesús es un *pámpano* de la vid. Se le considera aquí solamente desde el punto de vista de su producción de *fruto* (v. 2). Si por alguna razón fracasa en esto, puede esperar que el Padre lo quite. Es dudosa la interpretación que otorga a *quitar* el significado de «levantar» (de un estado decaído). De casi una veintena de veces que esta palabra aparece en Juan, solamente se puede comprender así en dos ocasiones. Quitar no connota la pérdida de la salvación. Aquí se trata únicamente del fruto. Si un labrador no consigue resultados, está justificado que quite un crecimiento improductivo. Un cristiano sin frutos es una contradicción, y más cuando Dios provee la vibrante vida necesaria para la producción de fruto. Todo lo que se le pide al hijo de Dios es diligencia en ser un canal de la vida divina.

Para asegurar el máximo de rendimiento, el Padre se ocupa también de los pámpanos fructíferos, eliminando todo lo que estorbe, a fin de que se pueda conseguir *más fruto* (v. 2). Este proceso está pensado para mantener la posición de *limpio* dada por la comunicación del mensaje de Cristo (cp. 6:63; 13:10). Del lado humano, este proceso exige morar en Cristo, que es más que estar en Cristo, respecto a la posición espiritual. Es el cultivo deliberado de los lazos establecidos con Cristo, por la obediencia y el amor, de manera que la vida de Cristo *(Yo en vosotros)* pueda ser experimentada como una realidad consciente. La condición para la utilidad espiritual es idéntica que para la natural (v. 4). La permanencia en Cristo —morar en Su comunión y estar sometidos a Su voluntad— da *mucho fruto*. La alternativa, el intento de producir fruto aparte de esta relación, no da nada, sino fracaso (v. 5). En la vida natural, un pámpano es, o un instrumento para la producción de fruto, o combustible para el fuego. La analogía espiritual es: O se es de utilidad digna de ga-

lardón, o cabe esperar la destrucción de las obras inú-
tiles (v. 6; cp. 1.ª Co. 3:12-15).

La permanencia no se puede mantener si no se da a
las *palabras* de Cristo una posición reinante en el corazón (cp. Col. 3:16). El recibe honor cuando se honra
Su palabra (contrastar 8:37). Y El hace honor a Su
palabra cuando el santo viene apelando a Sus promesas en oración. El «todo aquel» de la salvación (Jn.
3:16) tiene su contrapartida en «todo lo que queráis»
de la oración (v. 7). No debemos pasar por alto la oportunidad de llevar fruto mediante la vida de oración.
Cuando los creyentes llevan fruto, se muestran en ello
discípulos de Jesucristo. Aquí la asunción es, aunque
no se expresa, que Cristo mismo da el fruto por el que
el Padre es glorificado. Esta relación se reproduce en
los que son de Cristo (v. 8). Así como la producción de
fruto implica un movimiento del hombre hacia Dios,
por medio de Cristo, así el amor es un movimiento del
Padre, por medio de Cristo (v. 9). Pero los creyentes tienen que *continuar* (de nuevo, la palabra permanecer o
«conservarse» en este amor para conocer su bendición y
poder (cp. Jud. 21). A fin de que no suene a vaguedad
y a ensueño, Jesús da una definición concreta. El amor
divino es activado por el cristiano en su observancia de
los *mandamientos* de Cristo. Recordemos que estos
mandamientos incluyen el que nos amemos unos a
otros. ¿Qué hay que sea más bendito que morar en el
amor divino, y qué hay que sea más difícil que guardar
los mandamientos de Dios? Pero los dos van juntos,
como Jesús confesó de sí mismo (v. 10). Getsemaní y el
Calvario estaban rebosando el amor de Dios precisamente porque formaban una parte de la voluntad de
Dios. Obediencia perfecta —la perfecta consumación
del amor— plenitud de gozo; tal es el orden, tanto para
el Señor como para el discípulo (v. 11).

10. **El mandamiento de amarse el uno al otro**
(15:12-17). Esta sección empieza y termina con la misma nota. Cristo había hablado de mandamientos (v. 10),

pero aquí nombra tan sólo uno, porque éste incluye a todos los demás (Mt. 22:36-40). Pero amar a los hermanos parece imposible cuando va paralelo al amor de Cristo por nosotros. ¿Cómo podemos amar como El ama? La única respuesta satisfactoria se halla en la verdad de que el amor de Cristo llega a ser nuestro amor, que se derrama hacia otros creyentes. Se nos da precisamente con este propósito.

La medida del amor de Cristo es Su presteza a morir por los que son Sus *amigos*. Al igual que El expresa Su amor por ellos en la muerte, ciertamente ellos pueden expresarlo los unos a los otros en vida. Si no están prestos a hacerlo, en justicia no pueden llamarse Sus amigos (v. 14). Como prueba de que El ha hecho de estos oscuros hombres Sus amigos, Jesús expone el hecho innegable de que no ha tratado con ellos como con siervos, sino que les ha dado los mismos consejos de Dios, sin retener nada. Uno no hace esto con siervos (v. 15). Pero esta amistad no es como una entre iguales, que contribuyen parecidamente a la relación. Cristo ha tomado la iniciativa de elegirles y de separarles para que sean útiles (un siervo puede obrar y, a pesar de ello, no necesariamente dar fruto; como amigos no pueden fallar). El ya les ha enseñado que tienen que permanecer para tener fruto. Aquí El promete que el fruto de ellos permanecerá. Ya que han de *ir*, a fin de conseguir fruto, las vidas redimidas son el fruto, aquellos que participan de la vida eterna (v. 16). La consecución del fruto viene por la oración así como por el testimonio (cp. v. 7).

11. Predicción de oposición por parte del mundo (15:18 — 16:4). No todos los contactos con gente no salva serán fructíferos para vida eterna. En tanto que los hombres participen del espíritu *del mundo* —la humanidad pecadora bajo la influencia de Satanás— mostrarán su odio contra los emisarios de la Cruz. Cuán necesario es, entonces, que los hermanos se amen unos a otros. Ello les ayudará a mantenerse contra el enemigo.

La actitud del mundo no debe de ser contada por extraña. Es completamente natural, en el sentido de que el mundo ama a los suyos, pero detesta la cualidad de representantes de otro mundo del pueblo del Señor. Ni la comprende ni la aprecia. En lugar de ello, la resiste vivamente (v. 19). De nuevo, el trato que el mundo le dio al Señor Jesús, demostrado por un aborrecimiento intento que trajo persecución, halla su extensión en el tratamiento aplicado a Sus seguidores (v. 20). Ello es, en definitiva, una prueba de que el mundo está apartado de Dios (v. 21).

Por Su venida y Su penetrante predicación en contra del pecado, Jesús removió un nido de avispas. Ya no les era posible a los hombres pasar por santos, o siquiera por respetables. No tenían excusa por su pecado, y aborrecieron a Aquel que les había descubierto. Aunque no quisieran admitirlo (porque los judíos se enorgullecían de confesar su fe en Dios), eran, no obstante, culpables de odiar a Dios al odiar a Aquel que El había enviado (vv. 23-24). Cristo afirma de Sí mismo un pasaje del Salmo 69:4: «Le aborrecieron *sin causa*». Tal aborrecimiento no tiene sentido alguno, es diabólico, una prueba suprema del pecado humano. La inhumanidad del hombre es una historia muy antigua. Pero la inhumanidad del hombre hacia Cristo Jesús tiene aún menos excusa. Le condena totalmente.

Los discípulos, que habían estado con Cristo *desde el principio* y habían aprendido de El, tienen que continuar manteniendo un fiel testimonio al mundo, tal como el que el Señor mismo había mantenido. Ellos no deben alterar, ni suavizar el testimonio. Para ayudarles en esto, *el Espíritu de verdad* estará con ellos. El les guardará de suavizar el mensaje. El alentará sus corazones en medio de la oposición (vv. 26, 27).

El testimonio que darán les provocará dificultades. Expulsados de las sinagogas, serán marcados para muerte (16:2). Existe un notable acuerdo entre la profecía de Jesús y el testimonio de Saulo el perseguidor (Hch. 26:9-11). Habrá algún consuelo, cuando venga la angustia, en poder recordar que Jesús dijo que vendría. Ellos tendrán Su simpatía y apoyo, así como también el reconocimiento de que están siguiendo Sus pisadas (v. 4). Al acercarse la hora de la muerte para Jesús, era más apropiado que advirtiera a Sus seguidores de la solemne responsabilidad que habían tomado sobre sí al llevar la cruz.

12. **La venida del Espíritu** (16:5-16). Incluso la solemne perspectiva de sufrir por causa de Jesús no les trajo una carga de corazón comparable a la de la pérdida ocasionada por la partida de Jesús. Cristo se dedicó a desprenderles de una preocupación indebida por sí mismos, y a dirigirlos a un sentido absorbente de la grandeza de Su misión, en la que ellos eran colaboradores. El iba al Padre. Ellos no debían considerar esto como una huida de la escena de la batalla y de la conquista. La misión justamente había empezado. Una nueva fase estaba a punto de abrirse, marcada por la venida del Espíritu.

¿Qué cosa podría arrojar más luz sobre la importancia de la venida del Espíritu, que la afirmación de Jesús de que sería bueno para los discípulos, por encima y más allá de Su propia presencia? (v. 7). Nuestro Señor añade Su promesa de que el Espíritu no obrará independientemente de estos hombres, como tampoco del Cristo ascendido. Su venida a los discípulos precederá a Su venida al mundo, con un ministerio de convicción (vv. 7, 8). Así se demostró en Pentecostés.

El pecado es el problema central del hombre. Así como Cristo vino a tratar con él de una manera objetiva en la Cruz (Ro. 8:3), así el Espíritu ha sido prometido para inculcar en los corazones pecadores la realidad del pecado y lo horrendo de añadir a todos los delitos el remate de rechazar al Salvador (v. 9). El testimonio del Espíritu también se da con respecto a la resurrección y exaltación de Cristo, porque en ello el

Crucificado fue vindicado en Sus afirmaciones, incluyendo la eficacia de Su muerte (v. 10; cp. 1.ª Ti. 3:16).
Finalmente, el Espíritu convence de *juicio,* lo único que
les queda a los hombres si rechazan la muerte y resurrección del Redentor (v. 11). Si el príncipe de este
mundo ya ha sido juzgado y derrotado por el Salvador,
que resistió sus tentaciones, invadió su reino y quebran-
tó su poder en la Cruz (cp. Col 2:15), ¿cómo puede esperar el mundano sobrevivir al juicio?

Pero Jesús iba a magnificar, sobre todo, el ministerio de enseñanza que el Espíritu ejercitará a los creyentes. El actuará como guía para adentrarlos en el
estimulante terreno de la *verdad* divina. Así como Jesús se contentaba con dar eco a las palabras del Padre,
así será con este otro Consolador (v. 13). *Toda verdad*
es ciertamente envolvente, porque incluye las cosas
que *habrán de venir* (cp. Ap. 1:10).

A fin de que no se piense siquiera que el Espíritu,
por la misma importancia de Su ministerio, vaya a os-
curecer el brillo del Salvador, ni a competir con El,
Jesús insiste que, en verdad, El mismo será glorificado por la misión del Espíritu (v. 14). Los recursos de
la sabiduría del Padre y Su poder han sido comparti-
dos con el Hijo (cp. Mt. 11:27) y ahora todo esto estará
a disposición del Espíritu, para que sea impartido a
los seguidores de Jesús. La revelación, en lugar de ser
reductora, será acumulativa. Hay cosas que el Señor
no ha declarado. Estas serán reveladas por el Espíritu
(cp. v. 12).

13. **El problema del «un poquito»** (16:16-24). Se
trata de un intervalo doble, el primero extendiéndose
hasta la sepultura de Jesús, el segundo desde la sepultura hasta la resurrección (v. 16). La última cláusula
del versículo no está apoyada por los principales manuscritos, aunque las palabras son genuinas en el versículo siguiente (cp. 16:5; 14:12). Jesús no explicó el «un
poquito» de manera directa pero indicó que el período
anterior difería vivamente del posterior, ya que la *tris-*

teza producida por la muerte y sepultura del Señor sería tornada en *gozo* ante Su aparición. Este gozo será
permanente (v. 22; cp. gozo *cumplido* de 15:11).

El efecto del segundo «un poquito» sobrepasará in-
mensamente su pequeña duración, porque la seguridad
y gozo engendrados por la contemplación del Señor resucitado empapará todos los días del futuro restante.
En el feliz tiempo de la reunión, las preguntas serán
echadas a un lado (v. 23), por lo menos las del tipo que
ahora dejan perplejos a los discípulos. ¡Cuántas cosas
resuelve la resurrección!

Pero las peticiones, en el sentido de pedir al Padre
en oración, continuarán siendo legítimas. Jesús alienta
y ordena que sea así. Las oraciones contestadas servi-
rán para perpetuar el *gozo* que trae la resurrección
(v. 24).

**14. La revelación del Padre y la victoria sobre el
mundo** (16:25-33). A lo largo de todo Su ministerio,
Jesús había buscado exponer e interpretar al Padre a
través de Sus palabras, hechos y carácter. El esfuerzo
no había tenido un éxito completo (ver 14:8-9). Los *proverbios* eran necesarios, pero pronto se podría dar la
revelación de una manera más *clara*. Evidentemente,
esto presupone el ministerio de enseñanza del Espíritu,
que es tan sólo una extensión del de Cristo (v. 25).

El Padre quedará revelado a estos hombres senci-
llos como un Dios de amor, que derramará Su afecto
sobre ellos con la misma certeza con la que sus corazones han respondido a Su hijo (v. 27). Ellos tienen que
comprender que fue el amor del Hijo por el Padre el
que le hizo salir de la gloria para venir a la tierra, y que
de nuevo este amor le lleva al Cielo (v. 28). El amor del
Padre por el Hijo es, a la vez, la inspiración del sacrificio de Jesús en la tierra, y asimismo su galardón suficiente.

La majestad de las palabras de Jesús (v. 28) es tal,
que lleva a los discípulos a pensar que han penetrado
en el misterio del hecho de Cristo. Están dispuestos

ahora a atribuir todo conocimiento al Hijo y a confesar
su fe de que El ha venido de Dios (v. 30). Pero si creen,
su conducta en la inminente crisis no lo va a demostrar.
El mundo —el poder de su odio hacia Jesús y su capacidad de ejecutar este odio— demostrará pronto ser
demasiado para este pequeño grupo. Estos, que con
tanta confianza confiesan su fe, serán ignominiosamen-
te *esparcidos*, dejando a Jesús *solo*. Pero la realidad
del mundo no le quitará a El la consciencia del Padre,
cuya presencia no fallará, incluso aunque tenga que
permitir que Su Hijo caiga en manos de pecadores.
Este es el consuelo del Salvador. Los discípulos pueden
tener también su consuelo: el conocimiento de que el
mundo, tan abrumadoramente poderoso como para re-
clamar la vida del poderoso Hijo de Dios, está derrotado en medio de su aparente victoria. Que no teman, por
ello, aquellos que sirven al Señor Cristo, a ninguna *tribulación* que el mundo pueda aplicar. No puede hacer-
les más daño a ellos que lo que la Cruz al Cristo triunfante (v. 33).

15. **La oración de Cristo** (17:1-26). No se debería
divorciar esta oración de las líneas anteriores. Debido a
que Jesús ha vencido al mundo, Sus peticiones respi-
ran confianza al hablar con el Padre de Su obra acabada. Y, debido a que Sus discípulos tienen que afrontar
tribulación en este mismo mundo que El está dejando,
tienen gran necesidad de Sus intercesiones.

Aunque esta oración, a diferencia de la que se halla
en Mateo 6:9-13, no fue dicha con el propósito deliberado de dar instrucción en este ejercicio espiritual, fue,
no obstante, un testimonio a los discípulos, una revelación de la mente de Cristo, tanto como la enseñanza
formal en el Aposento Alto. Los discípulos comprende-
rían mucho mejor la tarea que tenían encomendada, al
percibir qué cosas llenaban al Maestro al elevar Su corazón al Padre celestial.

Durante Su ministerio terreno, Jesús había afirmado
una intimidad singular con el Padre (Mt. 11:27). Esta

oración corrobora Su testimonio. Dios no es alguien lejano, cuya atención se tenga que conseguir mediante una frenética invocación. Se dirige a El con tanta naturalidad como a un amigo entrañable que está al lado. La relación Padre-Hijo se expresa rápidamente (v. 1).

En cuanto a lo que la oración trata de la obra del Hijo, halla su circunstancia en la llegada de la *hora*. Probablemente comprenderemos mejor la petición de que el Padre *glorifique* al Hijo, si lo entendemos como envolviendo, tanto la inminente muerte, como su gloriosa secuela de poder en la resurrección y majestad en la ascensión. La crisis ha llegado. Jesús anticipa la aprobación del Padre, pues El mismo sigue obediente hasta la muerte.

Pero la glorificación del Hijo no puede ser concebida en independencia de la glorificación del Padre. Esta última queda expresada en términos del cumplimiento del propósito divino: el logro de la *vida eterna* para los que son objeto de la misericordia salvadora de Dios. Estos son hermosamente descritos como aquellos a quienes el Padre ha *dado* al Hijo (v. 2; cp. vv. 6, 9, 11, 12, 24). Ellos son el fruto de la obra y del trabajo de Cristo, fruto que permanecerá como monumento perpetuo a Su amor y fidelidad. El título que poseen de la vida eterna es la simple fe, que les ha dado un verdadero conocimiento de Cristo en Cristo. El mundo no llega, por su sabiduría, a este conocimiento (1.ª Co. 1:21), pero el creyente halla a Dios en Jesucristo (v. 3; cp. 1:18).

El Padre dio algo más al Hijo, además de Su pueblo, y el mismo hecho de que se utiliza el verbo *diste* para la obra de la redención es significativo (v. 4). Sin la obra consumada, no podría haber un pueblo reunido. En el momento de la oración la obra no estaba consumada, pero para Jesús la Cruz y su triunfo eran un presente siempre actual. ¡Qué sublime confianza en que nada podría impedirle que soportara la Cruz! Con esta confianza, El ora al Padre que le glorifique, otorgándole un retorno a la gloria original compartida por el Padre y el Hijo (cp. 1:1, 2). Era una petición modesta porque, en realidad, el Señor iba a entrar en la gloria cargado con los trofeos de Su victoria, triunfante sobre todas las huestes del mal, poseyendo un nombre sobre todo nombre. Pero tan sólo el ser restaurado a la presencia del Padre era el anhelantc deseo del Hijo fuera del Hogar.

A continuación, los pensamientos del Señor se dirigen a Sus seguidores escogidos, que todavía le rodean, pero solamente en cuanto a que están conectados con Su misión (vv. 6-8). Por ello, esta sección es de transición. Aquí Jesús expone, en términos simples, lo que El ha hecho por ellos y cuál ha sido la respuesta que han dado. El ha manifestado al Padre y les ha comunicado las palabras que el Padre le ha dado. La respuesta de los discípulos queda expuesta en cuatro verbos clave: *recibir, creer, conocer, guardar*. Este último es muy notable. ¿Cómo podía nuestro Señor afirmar que estos hombres, tan duros de mollera, tan prestos a la ambición personal, habían guardado Su palabra? El es un juez generoso, leyendo el sentimiento subyacente del corazón, en el que la lealtad tenía su raíz. En comparación con otros, esta compañía elegida ciertamente había guardado Su palabra, y Jesús estaba agradecido.

La intercesión, propiamente dicha, empieza con la declaración del Señor de que está orando por los Suyos (v. 9). La exclusión que hace del mundo no quiere decir que haya dejado de lado al mundo porque éste le haya rechazado. El mundo, como un todo, no había oído de El ni Sus afirmaciones. Así como los discípulos eran esenciales para la obra del Espíritu de convencer al mundo (16:7, 8), así son necesarios para el plan de Cristo de alcanzar al mundo con el conocimiento de Su salvación. La Escritura dice poco acerca de orar por los perdidos, pero mucho acerca de orar por aquellos que han de ser testigos ante ellos.

Como Buen Pastor, Jesús siente que Su corazón se derrama por aquellos que, desde el punto de vista humano, parecen tan pocos, y tan desamparados. Pide

al Padre que los *guarde* (cp. 10:28-29). Esta pequeña
manada ya no podrá verle más yendo delante de ellos,
llamándoles para que sigan (10:4). Están encomenda-
dos desde ahora a los entrañables cuidados del Padre,
que nunca duerme ni se cansa. El lobo que busca destruir el rebaño es el malo (v. 15). A la vista de las moro-
tíferas tretas de Satanás, Jesús ya había orado por Pedro, para que fuera librado (Lc. 22:31-32). Los otros tendrían su vez, y necesitaban protección divina. Ya que
pertenecen al Padre y han sido dados al Hijo, Jesús
puede pronunciar esta oración aún con más confianza,
si cabe. Pero no puede incluir a Judas, pues él no pertenece aquí, porque es *hijo de perdición* (v. 12). Así
como los discípulos están en el mundo, pero no son del
mundo, así Judas estaba en la compañía apostólica,
pero no era de ellos. Tiene que haber honradez en la
oración como en todo lo demás. Jesús sabe que aquel
hombre está *perdido*, y por ello no lo incluye. Nosotros
no poseemos conocimiento de este tipo, por lo que nuestras oraciones no deberían quedar limitadas.

¡Qué aliento el verse sostenido por la oración del
Hijo de Dios! Uno puede estar en el mundo (v. 15), y
soportar ser *odiado* del mundo (v. 14), sabiendo que el
Señor está cerca. Ello es suficiente para llevar a su plenitud Su don de *gozo* (v. 13).

Una segunda petición sale de la boca del Señor:
santifícalos (v. 17). Queda flanqueada, al principio y final, por la mención del *mundo*. Los discípulos no son
del mundo, pero son enviados al mundo a hacer su
obra. A fin de que no olviden su diferenciación del mundo, y con ello pierdan el filo acerado de su testimonio,
necesitan ser santificados, consagrados o separados. El
instrumento en este ministerio de regulación y control
es *la verdad*. Jesús la ha hablado, el Espíritu Santo la
recordará y la conducirá más profundamente en su
sentido. Todo esto es necesario para hacer que el llamado al servicio de Cristo sea siempre eficaz, incluso emo-
cionante. Se hace infinitamente más fácil la fidelidad
a esta tarea, con la consciencia del privilegio involu-

crado. Jesús afirma que hay un paralelo entre Su envío
de los discípulos al mundo, y el que el Padre le enviara
a El (v. 18). Nada glorifica a la misión tanto como este
hecho abrumador.

En relación con la tercera petición, que ellos sean
uno, Jesús incluye en el campo de Su oración a aquellos que serán ganados a Sí por el testimonio consa-
grado de Sus seguidores inmediatos (vv. 20-21). La in-
clusión de ambos grupos se manifiesta en la palabra
todos (v. 21). En unas pocas semanas empezó a hacerse
realidad la respuesta. Después de Pentecostés, la vida
de la Iglesia es descrita en términos tales como «juntos», «de una sola mente», «de un corazón y un alma».
Los apóstoles no manifiestan ninguna vanagloria del hecho de que ellos fueran los primeros seguidores, y los
recién nacidos no muestran ninguna envidia por no haber sido contados entre los creyentes más tempranos.

Se podría pensar que esta unidad es algo tan sagrado y dulce como para constituir un fin en sí misma,
pero, en este contexto, Jesús la ve como un medio para
impresionar al mundo en favor de Sí mismo y de Su
misión (v. 21). En la actualidad, los hombres argumen-
tan respecto a esta consideración y reprochan a la cris-
tiandad sus divisiones, apremiándola a que llegue a la
unión visible de sus varias ramas. ¿Podemos estar se-
guros de que el mundo llegará a poseer una mayor fe
si se hace tal cosa? No por la unión misma porque,
en la Edad Media, los hombres se aferraban a la Iglesia
cuando ésta era visiblemente una, no tanto por amor
a su comunión, como por temor a su ira y a experi-
mentar su poder excomunicante. Pero una unidad de
amor conseguirá lo que ningún movimiento organiza-
do puede efectuar (13:35).

Es innegable que este deseo por la unidad entre los
santos era una pesada carga sobre el corazón del Inter-
cesor, porque El la menciona una y otra vez (vv. 11,
21, 22, 23). Podemos comprender el porqué cuando oí-
mos al Salvador afirmar que ésta es la naturaleza de la
relación entre el Padre y el Hijo (v. 11). A pesar de ello,

no tiene la Iglesia que hallar en la Deidad el modelo
para su propia vida, para conseguirlo por emulación.
En el propósito soberano y lleno de gracia de Dios, Su
familia terrena recibe participación en la vida divina
(*uno en nosotros*, v. 21). Para conseguir tal cosa, el Señor Jesús ha dado a Su pueblo la *gloria* que le fue dada
a El (v. 22), que parece significar una participación en
la filiación. El no se avergüenza de llamarlos Sus hermanos (20:17). El que santifica y los santificados, de
uno son todos (He. 2:11).

Una petición final mira más allá que las otras: Que
estos creyentes tengan permitido compartir la parte del
Señor en el gran futuro que está ahora escondido, y que
puedan ser capaces de contemplar Su *gloria* —no solamente la de la filiación divina solamente, sino la gloria
adquirida que será suya como Redentor, como Vence-
dor, como Rey y Señor de todos (v. 24). Tal petición
respira el amor inmortal de Cristo por los Suyos. El
quería que su experiencia del amor eterno del Padre por
El, no solamente fuese vista (v. 24), sino conocida en
sí mismos, como el don de Dios en Cristo (v. 26).

6

EL TESTIMONIO DEL HIJO DE DIOS EN OBEDIENCIA AL PADRE HASTA LA MUERTE

(18:1—19:42)

1. **La traición y el arresto** (18:1-14). Fortalecidos por esta sublime oración, Jesús y Sus seguidores *salieron*. La oración abre camino a la acción. Al entrar en el Huerto de Getsemaní, Jesús se adelantaba a encontrarse con Su gran prueba, porque Judas estaba bien familiarizado con este lugar y podía razonablemente esperar que Jesús iría allí, como lo hacía tan a menudo después de un día de acción enseñando en el templo. El huerto caía al otro lado del Cedrón, al oriente de la ciudad, y en la actualidad es visitado por miles de peregrinos cristianos.

Juan no da relato alguno de la agonía del Salvador, aunque ya ha señalado antes, durante la velada, el espíritu angustiado de Jesús, relacionándolo con la traición (13:21). También ha enfatizado el lugar de la oración como preparativo para la amarga experiencia que espera a nuestro Señor (cap. 17).

Las autoridades judías, habiendo astutamente pagado a Judas por adelantado, a fin de que se sintiera obligado por su honor a cumplir su promesa de traicionar al Señor, procuraron que sintiera también la importancia de su papel como el hombre clave de una gran compañía que tenía órdenes de actuar tan sólo a consecuencia de una señal convenida. La *compañía* se refiere a un destacamento de soldados romanos acuartelados en la torre Antonia, adyacente al área del templo. Estos eran puestos a disposición de las autoridades judías cuando los solicitaban en interés del mantenimiento del orden y de la seguridad pública. En esta ocasión fueron suplementados por *alguaciles* que estaban empleados por la jerarquía del templo como policía de los sagrados recintos (cp. 7:32). Muchos de ellos, si no todos, estaban armados.

Jesús no fue tomado por sorpresa (v. 4). Sabía por qué Judas había salido del Aposento Alto. Como Eliseo había seguido en su corazón los movimientos del infiel Gizei, así Jesús había estado al tanto de estas medidas nocturnas dispuestas para prenderle. *Sabiendo* lo que le había de sobrevenir, se adelantó (cp. v. 1) para encontrarse con esta mezclada multitud, con una pregunta que pareció desconcertar a sus apresadores. *¿A quién buscáis?* Fue inesperado. Aún lo fue más la pronta admisión de Su identidad. El efecto fue abrumador. Aquí había alguaciles que habían sido enviados otras veces a prender a este hombre, y que habían quedado extrañamente frustrados, volviendo con las manos vacías. Los soldados habían oído hablar de Jesús y de Sus poderes milagrosos. Momentáneamente, se quedaron paralizados en sus sitios, y después cayeron al suelo. La majestad del Nazareno les había hecho desmayar. Jesús aprovechó el desmayo y su vacilación, para asegurar la libertad de Sus discípulos, entregándose simultáneamente a Sus apresadores. Iba a llevar Su prueba y sufrimiento a solas, así como a solas había orado en el huerto.

La intrusión de Pedro amenazó con cambiar esta pauta. Su espada brilló, y voló una oreja del siervo del sumo sacerdote. Pedro había estado dormido hasta hacía poco y no había llegado a despertarse del todo. No tuvo el pulso firme. Su acto atrajo reprensión. Cristo no estaba buscando defensores, ni tratando de huir. En lugar de ello, se estaba preparando para tomar los pri-

meros sorbos de *la copa* de juicio que el Padre le había
ordenado (v. 11). Esta referencia a la copa es evidencia
de la familiaridad de Juan con la tradición sinóptica de
la experiencia en Getsemaní.

Aunque no presentaba resistencia, Jesús fue *atado*,
la primera de muchas indignidades que iban a caer sobre El durante las siguientes horas. La siguiente fue la
demanda de que compareciera ante Anás, el suegro del
actual sumo sacerdote. Anás era astuto y cruel. Había
estado esperando el día en el que podría recrearse en
la ruina de este profeta de Galilea, que había osado desafiar el control sacerdotal del templo, purificándolo
de su mercantilismo.

2. **El Maestro y el discípulo probados** (18:15-27).
Parece que el registro sagrado entrelaza estos dos relatos, a fin de enfatizar la diferencia. Jesús habla la verdad, mientras que Pedro prevarica. Jesús es solícito
con Sus discípulos (incluyendo a Pedro), y rehúsa decir
nada que pueda provocarles problemas. Pero Pedro no
tiene preocupación por el Señor. Su única ansiedad es
su propia seguridad. Su caída parece algo increíble,
pero son varias las cosas que contribuyeron a ella: su
vanagloria de que él no fallaría al Señor (Mt. 26:33),
su incapacidad de permanecer vigilante en oración en
el huerto, su desenfrenada utilización de la espada que
centró la atención sobre él (v. 26), su insistencia en
arriesgarse, aventurándose en el atrio y mezclándose
con los alguaciles alrededor del fuego, todo ello, indudablemente, para tratar de demostrar su fidelidad a
su palabra y su posición de liderazgo en el grupo apos-
tólico. La soberbia viene antes de la caída. ¡Cuán hu-
millante tuvo que haber sido caer delante de la medio
burlona acusación de una criada! Una vez comprometi-
do en su propio engaño, Pedro no se podía librar. Una
negación siguió a la otra... y entonces el gallo cantó
(v. 27).

Otro discípulo, indudablemente Juan el apóstol, debido a conocer al sumo sacerdote, pudo entrar en la

estancia donde Jesús estaba siendo interrogado, después de haber sido llevado a la casa de Caifás (v. 24). Es probable, entonces, que al mencionar al sumo sacerdote (v. 19), Juan se refiera a Caifás. De otra manera, no da un relato real de lo que sucedió ante la cabeza oficial del Sanedrín. Incluso así, el informe es muy escaso. La explicación puede hallarse en los capítulos anteriores, en los que Jesús se ha colocado deliberadamente bajo juicio ante la nación, presentando las evidencias que tratan de Su persona y de Su obra. El fallo de la nación en recibir Su testimonio hace innecesario cualquier examen detallado. En realidad, todo ha sido decidido ya. La actuación de Jesús muestra que no tiene ninguna expectativa de obtener ningún juicio justo (vv. 20-21).

3. **El juicio bajo Pilato** (18:28 — 19:16). Jesús fue llevado ante el gobernador romano a una hora *temprana*, a fin de acelerar Su suerte antes de que se pudiera dar lugar a ningún movimiento del pueblo en Su favor. Para preservar su limpieza ceremonial, los líderes de los judíos rehusaron entrar al atrio gentil donde se efectuaba el juicio. Se acepta en la actualidad, de una manera amplia, en base a la investigación arqueológica, que el edificio formaba parte de las instalaciones de la Torre Antonia. El Enlosado (mencionado en 19: 13) ha sido excavado. Este escrúpulo ceremonial de los judíos, que sobrepasaba a su preocupación por la justicia, obligó a Pilato a cambiar continuamente de sitio al hablar a ellos y después a Jesús, que estaba dentro.

Juntamente con la inflexibilidad de los judíos en este punto, estaba la impertinencia con que trataban a Pilato, al que odiaban (vv. 29-31). Ellos querían que el gobernador aceptara su palabra de que el prisionero merecía la muerte y que diera su aprobación, sin revisar el caso de manera detallada. Esto él no lo podía hacer a causa de su posición. Se tenía que guardar la justicia romana.

Por mucho que los judíos quisieran asegurar la

muerte de Jesús, se veían impotentes, debido a que los romanos mantenían la pena capital en exclusiva (v. 31). Esta circunstancia obró para el cumplimiento de las predicciones de Jesús acerca de la manera en que iban a morir (v. 32; cp. 12:32, 33; Mt. 20:19). El relato de Juan no detalla para el lector las acusaciones de los judíos, pero presupone el conocimiento del material sinóptico (Lc. 23:2), que incluye el alegato judío de que Jesús pretendía ser un rey. Pilato no podía echar esto a un lado, debido a sus posibles implicaciones revolucionarias. Así que interrogó privadamente a Jesús acerca de este punto (v. 33).

Jesús se sintió obligado a hacer una pregunta a Pilato sobre un punto (v. 34). El conocía la doblez de los líderes judíos. La afirmación de Jesús de ser el Mesías involucraba ser rey, pero no en un sentido militar o revolucionario. El tenía que poner en claro al gobernador que Su reino *no era de este mundo* (cp. 17:14). El no tenía ningún deseo de conseguir ni de blandir ningún poder temporal. Aunque tenía *servidores*, no los había entrenado para *luchar* (v. 36). Su reino caía en otro dominio. El proclamaba ser el Señor de la *verdad*. Esta no era una afirmación despótica, porque la verdad, en Jesús, estaba destinada a liberar a los hombres de la tiranía del pecado (cp. 8:32-36).

La conversación estaba rápidamente llegando a más altura de la que Pilato podía alcanzar. Con un encogimiento de hombros, este hombre de acción preguntó: *¿Qué es la verdad?*, y se salió de la presencia de la única persona en este mundo que le hubiera podido dar una respuesta genuinamente satisfactoria. Por lo menos, había sabido lo suficiente como para darse cuenta de que Jesús no era un peligroso aspirante al dominio político, deseoso de poner a las masas en contra de Roma. No halló *delito alguno* en El por lo que respectaba a las acusaciones hechas por los principales sacerdotes.

Pilato pensó que sabía una forma de liberar a Jesús y a la vez contentar al populacho judío, si no a sus líderes. Era la costumbre anual que en el tiempo de la

Pascua se liberara un preso al pueblo. Creyendo que
Jesús era un héroe para la multitud, Pilato supuso que
ciertamente pedirían Su liberación, pero no contaba lo
suficiente con la determinación de los líderes judíos,
que poseían la suficiente influencia sobre el pueblo como para decantarlo en un asunto de este tipo. Ante la
sorpresa de Pilato, eligieron a Barrabás, un criminal
notorio, sobre Jesús (v. 40). *Ladrón* significa más que
uno que roba en el original. Este hombre era un ban-
dolero inveterado que sabía cómo matar y destruir (cp.
Hch. 3:14).

Habiendo fracasado en este intento de liberar a Jesús, Pilato buscó otro medio. Creyó que se podría des-
pertar la compasión en el corazón de las gentes si hacía azotar a Jesús. Los soldados cumplieron celosamen-
te su cometido, ejercitándose con el preso. Y un cruel
ejercicio fue éste, pues cuando hubieron acabado, sangre manaba de la corona de espinas y manchas amora-
tadas se veían de los golpes que habían llovido sobre
El. *¡He aquí el hombre!* Cierto que la profecía de Isaías
estaba entonces hallando su cumplimiento, que Su rostro sería desfigurado hasta tal punto que no parecería
pertenecer a un hombre (Is. 52:14). Al presentarle como
objeto de piedad, Pilato esperaba subrayar su repetido
veredicto: *No hallo ningún delito en El.* Poco parecía un
rey ahora el galileo. Su estratagema fracasó, porque
los corazones de los principales sacerdotes y de sus su-
bordinados estaban endurecidos en contra de toda petición de misericordia. Un ronco grito surgió de multitud de gargantas, llenando el aire de aquella mañana:
¡Crucifícale! ¡Crucifícale!

Enojado ante su terquedad, Pilato les propuso que
tomaran al prisionero y que hicieran con él lo que quisieran, sabiendo que no tenían autoridad para hacerlo
(19:6).

En este punto, los judíos revelaron por primera vez
la verdadera razón de su oposición inquebrantable a
Jesús. Le consideraban un blasfemo, uno que se hacía
a sí mismo Hijo de Dios (v. 7). Era una vieja queja. Es-

tos hombres rehusaban tomarse en serio Su afirmación. ¡Hijo de Dios! Estas palabras lanzaron un escalofrío al supersticioso corazón del gobernador. ¡Así que ésta era la razón por la que el preso estaba tan calmado y reservado! Debía de estar planeando Su venganza. Esto podría resultar un asunto peligroso. Mejor confrontarlo de una forma decidida, se dijo a sí mismo. Así que empezó a hablar de su autoridad (v. 10). Tranquilamente, el Señor del Cielo le recordó que él no poseía el mayor lugar del universo. Si no se cumpliera la voluntad de Dios, la audiencia no hubiera siquiera llegado hasta allí. Pero el propósito divino no excusa el pecado humano que busca sus fines. El pecado de Pilato es el de injusticia. El que había entregado a Jesús al gobernador (¿es Caifás el aludido aquí, o Judas?) había pecado más profundamente, habiendo rechazado al Ungido de Dios. A Pilato se le hacía cada vez más evidente que este Hombre frente a él, este Hombre misterioso, era inocente. Así que intentó, aún más intensamente, conseguir Su liberación. Pero precisamente cuando se estaba poniendo firme, sucumbió bajo el último golpe que le propinaron los principales sacerdotes. Fue su amenaza de llevar el asunto al César. El lo vería como ellos. El reconocería cuán peligroso era Jesús para la seguridad de Roma. Pilato tenía una hoja de servicios tan mala, que no se quiso arriesgar a que el emperador le echara un vistazo. La justicia estaba en la balanza contra el futuro de Pilato. Sus propios intereses pesaban más que cualquier otra consideración. Débilmente, el gobernador se sentó. Fue la señal de que el veredicto se acercaba. Su último anuncio cayó inútilmente: *¡He aquí vuestro rey!* Estaba acentuado con amargura. Estos judíos le habían vencido una vez más. Si tuvo alguna satisfacción en toda esta situación, fue la de oír a estos rebeldes judíos, aunque lo dijeran falsamente, confesar que no tenían otro rey que César (v. 15). Al rechazar a su verdadero rey, se vendieron a un monarca pagano. La condenación de Israel quedó sellada en este mismo momento. Para todos los que es-

taban implicados en el asunto se habían echado ya
las suertes. Jesús fue enviado al lugar maldito de la
crucifixión, y Pilato se retiró a contar el costo de su
debilidad moral.

4. **La crucifixión** (19:17-37). Parte de la ignomi-
nia de este tipo de castigo era la obligación de llevar
la propia cruz (v. 17). Lucas nos relata que otro fue
obligado a prestar este servicio cuando fallaron las
fuerzas de Jesús (Lc. 23:26). Juan no da detalles acerca de los dos criminales crucificados con Jesús (v. 18).
Su sola preocupación reside en la figura central. El título colocado por Pilato sobre la cruz no era simplemente para identificación; servía para nombrar la acusación contra el condenado. Este era un preso notable.
Debido a que el Gólgota estaba cerca de la ciudad, y
probablemente justo al lado del camino, la inscripción
fue leída por mucha gente. Y creó ofensa entre los líderes judíos, porque parecía afirmar lo que ellos nega-
ban, que Jesús fuera realmente el Mesías de la nación.
Pero Pilato, tan vacilante durante el juicio, se puso firme ahora. Se negó a cambiar la fraseología (v. 22).

Los sucesos de las horas en la cruz son relatados
con brevedad y simplicidad. Primero, después de la
misma crucifixión, viene la distribución de sus ropas,
lo único que se pudo quitar a Jesús. Todo lo que El tenía que dar durante Su vida lo había dado libremente:
tiempo, consejo, verdad, restauración, perdón. La distribución de estos vestidos tiene una importancia especial, porque de nuevo señala el cumplimiento de la palabra profética (Sal. 22:18). Dios, que conoce el fin desde el principio, puede predecir detalles desde cientos
de años antes. Naturalmente, los soldados no tenían ni
idea de que estaban cumpliendo una profecía, pero así
tenía que hacerse.

Cuatro mujeres estaban cerca de la cruz, tres de
ellas se llamaban María (v. 25). Jesús mismo se ocu-
paba ahora de una de ellas, y esta ocupación nos muestra que no podemos ver indiferencia en ninguna de las

acciones de Jesús hacia Su madre, a lo largo de Su ministerio. El amor de Jesús por María y Su amor por Juan (cp. 13:23) dictó que tenía que entregar el uno al cuidado del otro. El texto supone que Juan tenía una casa en Jerusalén (v. 27; cp. 18:15).

Solamente en una ocasión, en el relato de Juan de la crucifixión, se centra algo de atención en los sufrimientos de Jesús, y de nuevo es la *sed* lo que se señala aquí, y es a causa de que se debe marcar el cumplimiento de la profecía (Sal. 22:15). Jesús vino a honrar al Padre, y Dios es honrado en la vindicación de Su Palabra.

De la composición del texto parece desprenderse que Jesús deseaba algo de beber, principalmente a fin de poder proclamar las palabras de triunfo: *Consumado está*, la gloriosa consumación de Su misión. Todo lo que quedaba era entregar Su espíritu al Padre (v. 30; cp. 10:18). Su muerte fue una decisión, no un fracaso.

Los judíos estaban ansiosos de que nada contaminase las festividades de la Pascua, y por ello pidieron a Pilato que se quitaran los cuerpos. «Esta noche particular era el principio, tanto del sábado como del primer y gran día de la Fiesta de la Pascua» (Hoskyns). Una vez más, las circunstancias se coligaron, mostrando gran significado, ya que la temprana muerte de Jesús hizo innecesario que se le quebraran las piernas. Así se cumplieron las Escrituras (Sal. 34:20).

Otro detalle se menciona, y es el de que se le atravesara el costado. Juan no está interesado en la fisiología del espectáculo de la sangre y del agua, sino en su significado teológico. El agua significa purificación, y la sangre la misma vida del Hijo de Dios, de la que los creyentes participan (6:54, 56). La vida y la salud espirituales están ahora disponibles, porque el dador de la vida se ha derramado a Sí mismo por otros. Este hecho maravilloso tiene que ser relacionado con las Escrituras, y así es (Zac. 12:10).

5. **La sepultura** (19:38-42). Si se mide el discipulado por el atrevimiento de la identificación con Jesús y por el sacrificio personal por El, entonces José de Arimatea y Nicodemo tienen que ser contados entre aquella noble compañía. Y si el amor tiene que contarse por los hechos, más que por las palabras, entonces la devoción de estos dos hombres fue genuina y rara. El huerto de José y las especias de Nicodemo salvaron la preciosa forma del Hijo del hombre del descuido y de la profanación. En el silencio de la tumba, las horas van pasando. Esta es la secuela de la Cruz y el vientre de la nueva creación, a punto de dar salida a Aquel que es el primogénito de los muertos.

7

EL TESTIMONIO DEL
SEÑOR RESUCITADO

(20:1-31)

COMO HECHO HISTÓRICO, la resurrección de Cristo fue
un testimonio del Padre en favor del Hijo, pero los re-
gistros evangélicos, a diferencia de los Hechos y de las
Epístolas, no enfatizan esto. Más bien narran las apariciones de Jesús a los Suyos y relatan cómo El pudo
confirmar Sus afirmaciones en la propia experiencia
de ellos.

1. **La aparición a María Magdalena** (20:1-18).
Esta mujer fue la primera persona en ver a nuestro Señor en Su estado de resurrección. Este privilegio no fue
dado a un apóstol. ¡Qué testimonio al deseo de Cristo
de magnificar el espíritu de la democracia en la Iglesia!
María salió hacia la tumba con las otras mujeres (Mr.
16:1). Por el camino discutieron el problema de la piedra que cerraba el paso a la entrada (Mr. 16:3). Era una
pesada piedra cilíndrica que precisaba de mucho esfuerzo para poderla rodar a un lado. Sorprendidas por el
espectáculo de la piedra ya removida, las mujeres llegaron a la conclusión de que el cuerpo de Jesús había
sido robado (ver las palabras *no sabemos* en el versículo 2), pero solamente María corrió a informar de lo
acaecido a Pedro y a Juan, que habían estado juntos
desde el juicio de Jesús (cp. 18:16).

La consternación de María se contagió a estos dis-

cípulos, que salieron corriendo para el huerto, dejando que ella les siguiera como mejor pudiera. El discípulo amado llegó el primero, se inclinó para mirar
y vio los lienzos funerarios, pero solamente percibió
una visión general de la escena. Pero cuando Pedro llegó
y entró, Juan le siguió y pudo ver la escena con más
claridad. La posición de los lienzos de lino, no en desor-
den, sino bien puestos, y especialmente el sudario, col-
gado de la losa en una forma limpia, dispuesto en es-
piral, convenció a Juan de que no había habido ninguna
rapiña en la tumba. El *creyó* [que Jesús había resuci-
tado]. No fue una conclusión fácil, porque los discípulos no habían llegado a comprender la enseñanza de
las Escrituras de que Jesús *tenía que resucitar de los
muertos.* Jesús les había enseñado a que lo esperasen,
pero sus mentes estaban cerradas a tal posibilidad (Mt.
16:21; Mr. 9:10).

Pedro y Juan se fueron, pero María no podía apar-
tarse de allí hasta que se resolviera este misterio de la
tumba abierta y del cuerpo ausente. Sus lágrimas daban
testimonio de que ella todavía creía que el cuerpo había
sido sacado de allí por manos humanas. ¡Si tan solamente pudiera ver de nuevo aquella forma sagrada!
Aun llorando, se inclinó y miró hacia dentro del sepulcro, igual que Juan lo había hecho antes. Pero ella vio
algo que no le había sido concedido ver a él: ángeles
sentados allí donde habían estado la cabeza y los pies
de Jesús (v. 12). A María esto no le produjo ni temor,
ni entusiasmo. Su mente estaba llena de pensamientos
acerca de lo que podía haber acaecido al cuerpo de
Jesús.

Todavía llorando, se volvió para el huerto. Aquel
debe ser el hortelano, pensó ella, al presentársele una
forma a la luz del amanecer. Quizás él supiera algo.
Puede ser que estuviera equivocada al pensar que ene-
migos hubieran robado el cuerpo. Nada malo pasaría
por preguntarle (v. 15). ¡Uno mayor que el hortelano
está aquí! ¡María! Nadie podía decir así su nombre, excepto Jesús. Las lágrimas de tristeza se transformaron

de inmediato en lágrimas de gozo. ¡Maestro! Sí, a todos
Sus otros poderes El había añadido Su preeminencia
sobre la muerte.

El grito de feliz reconocimiento que profirió María,
fue acompañado de un rápido movimiento. Evidentemente, se asió a Jesús como para retenerle y mante-
nerle siempre cercano. Las palabras *no me toques* signi-
fican realmente deja de asirme. Jesús pertenece ahora
al Cielo, aunque consienta en permanecer aquí unos
días. María tiene que ir con las nuevas de la resurrección e inminente ascensión a los hermanos de Jesús
—no a Santiago y los otros hermanos, sino a los discípulos (cp. Mt. 12:49). El primer mandato del Señor
resucitado es el de *ve y diles,* y el mismo es el inme-
diatamente anterior a la ascensión (Hch. 1:8). María
es la primera testigo de la resurrección, y la primera
emisaria del Salvador resucitado.

2. **La aparición a los diez discípulos** (20:19-23).
La muerte no había cambiado fundamentalmente la relación de Jesús con estos hombres. Vino a ellos sin
anuncio previo y sin invitación. Inevitablemente, El
tomó el lugar que le correspondía *en medio* de ellos
(cp. Lc. 2:46; Jn. 19:18). Su palabra de *paz* tenía un
doble propósito, darles alivio de su temor con respecto a los judíos y que sintieran vergüenza por haberle
abandonado en el huerto. Ya podían los discípulos dis-
frutar el legado que les había sido prometido recientemente (14:27).

Al mostrarles Sus manos y costado confirmó la identidad, que Su presencia y Sus palabras habían ya certi-
ficado. Además, este acto fue una invitación a participar
con El del gozo de Su triunfo sobre la muerte (v. 20).

No obstante, casi de inmediato, el Maestro recuerda a Sus seguidores Su misión y la parte que ellos
tienen en ella. Lo que aquí tenemos es una especie de
epílogo al discurso del Aposento Alto y a la oración, con
una gran importancia atribuida al envío de los apósto-

les, según el modelo de la comisión que Jesús había recibido de Su Padre (v. 21; cp. 17:18).

Este es un punto crucial en la historia de la redención, el principio de la nueva creación. *El sopló sobre ellos* (v. 22; cp. Gn. 2:7). Respondiendo al soplo de vida en la antigua creación, tenemos al Espíritu Santo en la nueva. El pecado que había arruinado la antigua creación, ha encontrado ahora un remedio. Estos hombres son llamados a aplicarlo a través de la predicación del Evangelio. Si los hombres rehusan el remedio, sus pecados son *retenidos*; si reciben al Señor, sus pecados les son *remitidos* (perdonados). Pero no se intentará ninguna misión hasta que el Señor ascienda y el Espíritu descienda sobre los apóstoles con poder (cp. 7: 37-39).

3. **La aparición a los once discípulos** (20:24-29). Tomás sobresale aquí, debido a su ausencia la vez anterior. Se debería reconocer que no rehusó llanamente aceptar la resurrección. Lo que él demandaba era una evidencia incontestable, experimentada personalmente (su dedo, las heridas del Señor). Las circunstancias eran idénticas a las de la aparición anterior: las puertas cerradas, la aparición repentina del Salvador y el saludo de *paz* (v. 26).

Jesús utiliza un lenguaje destinado especialmente a mostrar que está perfectamente al tanto de las palabras de Tomás (v. 27). Esto bien puede servir como recordatorio de que Cristo, aunque invisible, sabe lo que decimos, incluso aunque sea dicho a otros y no a El mismo. Tomás no necesitó tocar al Señor. Verle era suficiente (v. 29). Con un grito de reconocimiento, expresó su fe en los términos más intensos posibles (v. 28). Al recibir el testimonio, Jesús, no obstante, señaló la bienaventuranza de aquellos que no han tenido la ventaja del contacto físico, como Tomás, y que con todo creen (v. 29; cp. 1.ª P. 1:8). Actuar como Tomás lo hizo, después de que el Señor hubiera sido tomado del mundo, haría imposible la fe. Los hombres deberían estar

dispuestos a creer, sobre la base de un testimonio adecuado (cp. Mr. 16:14).

4. **El propósito de este libro** (20:30-31). Ya que
el incidente anterior involucraba el mayor signo de todos, el de la resurrección magnificaba la necesidad de
la fe, y contenía un testimonio gigantesco de la persona
de Cristo, quedaba preparado el camino para esta afirmación sumaria. Más señales se hicieron que éstas,
pero no se necesitan más para que la fe actúe. Esto ha
sido ampliamente demostrado por las multitudes que
han llegado a la fe por la lectura del Evangelio según
Juan. Las señales no deben ser consideradas como va-
liosas en sí mismas, sino como señales que dirigen al
lector hacia Cristo. El es el objeto de la fe. Dios honra
esta fe dando vida, algo que nunca puede dar una señal
por sí sola.

8

EPÍLOGO

(21:1-25)

ESTA ÚLTIMA SECCIÓN del libro trata de otra aparición del Señor resucitado a ciertos discípulos, seguida de una palabra última acerca del escritor. El incidente tiene tres fases: una expedición de pesca, un diálogo entre Jesús y Simón Pedro y, finalmente, una profecía acerca del futuro de Pedro. La prominencia de Pedro se ve por todo el pasaje, solamente disminuida por la del Señor mismo.

Estas apariciones del Señor resucitado eran ocasiones en las que el Señor se mostraba a *Sí mismo*. En el relato de Lucas se acentúa Su acción de enseñar, pero aquí, concordando con el propósito cristocéntrico del cuarto Evangelio, la persona de Cristo es central.

El marco es el mar de Tiberíades, otro nombre para el mar de Galilea, derivado de Tiberias, una ciudad grande en la ribera occidental. Simón Pedro encontraba que la inactividad era difícil de soportar, especialmente cuando las visitas del Señor se espaciaban tanto. ¡La visión del agua y de su barca fondeada allá, no muy lejos, fueron demasiado para él! *Voy a pescar*. Evidentemente, no había ninguna intención de volver a esta ocupación en plan permanente, pues de otra manera el resto no hubiera estado de acuerdo en ir con él. Que fuera a desertar de su vocación, después de ver al Señor, y de ser perdonado por su negación, es algo impensable (Lc. 24:34).

Es indudable que se pretende que hallemos una verdad espiritual subyacente en esta historia. *No pescaron nada*, a pesar de sus aparejos, experiencia, y la hora propicia, la noche. Todo cambió cuando los agotados pescadores siguieron las instrucciones de un extraño que estaba en la orilla, a unos cien metros del bote. En el acto cambió su fortuna, y el bote se transformó en un escenario de febril actividad. El discípulo amado percibió que el extraño era el Señor. Su presencia, juntamente con la obediencia a Su mandato, había significado el cambio del fracaso al éxito. El ya había advertido antes a Sus seguidores que, aparte de El, ellos no podrían hacer nada (15:5). Aquí estaba la demostración de ello.

Mediante una transición fácil y natural, llegamos al siguiente episodio: el desayuno a la orilla del lago, y la conversación entre Jesús y Pedro. Las prisas del discípulo por llegar a la orilla y encontrarse con el Señor (v. 7) indican su deseo intenso de ver al Maestro. Puede ser que el milagro le hiciera recordar una experiencia similar en esta zona, que le llevó a ser alistado como discípulo (Lc. 5:1-11).

El mismo Señor que prospera a los Suyos en sus obras puede suplir sus necesidades personales. Aquí había brasas, con un pez encima de ellas, y una ración de pan. La invitación de Jesús a que trajeran los pescados (de los que dice El, lleno de gracia, que los han pescado ellos) parece dispuesta para hacer sentir a los discípulos que lo que ellos tenían debía ser reunido con la provisión del Señor. En realidad, aquellos peces no se necesitaban de momento, y podrían ser vendidos para suplir las necesidades temporales de los hombres.

Aún no se habían acostumbrado totalmente los discípulos a estar en presencia del Maestro resucitado. Una cierta tensión se cernía sobre ellos mientras comían en silencio (v. 12). Jesús parecía mantenerse a una cierta distancia (cp. 20:17 y las palabras en Lucas 24:44, «estando aún con vosotros», como si la era se hubiera cerrado ya). Como al tratar con María Magdalena, así es con este círculo de siete. No se pierde ningún tiempo en cortesías.

La finalización de la comida fue la señal para el inicio de una desacostumbrada conversación entre el Señor y Pedro. Fue más una inquisición que una conversación. Jesús parece duro con el discípulo que había caído. Pero su propósito estaba tan lleno de amor como Su pregunta. Como creyente, Pedro había sido ya perdonado de su pecado de hacía unas semanas, pero como siervo del Señor necesitaba una restauración en presencia de sus hermanos, los mismos hombres a los que había hecho daño al afirmar una mayor devoción a Jesús que la que ellos podían exhibir (Mt. 26:31-33). Este es el punto en cuestión: *¿Me amas más que éstos?* (v. 15). Podemos sentirnos justificados en comparar nuestros dones o nuestros logros con los de otros, aunque es peligroso. Pero comparar nuestra lealtad, y por implicación nuestro amor, es algo que está positivamente mal. Este es el reproche latente en la pregunta del Salvador.

Cuando la pregunta fue hecha por tercera vez, Pedro ya había tenido suficiente. Magnífico en medio de su propia admonición, él apela, al fin, por su propia consciencia de que él ama al Señor, al mismo conocimiento perfecto del Señor: *Tú sabes que te amo.* Solamente un hombre con una buena conciencia, un hombre que conoce el corazón del Hijo de Dios, se atreve a hablar de esta manera.

Cada vez que Pedro afirma su amor por Cristo, se le da una esfera de servicio: Apacentar los corderos de Cristo, pastorear las ovejas de Cristo, apacentar las ovejas. Pero no debemos pasar por alto el pronombre posesivo: *Mis* corderos, *mis* ovejas. En Su amor, Cristo puso Su vida por éstos. No las pondrá al cuidado de nadie que no le ame a El. El subpastor tiene que poner su corazón por Cristo. Si es así, pondrá también su corazón por las ovejas, que son tan preciosas para el Hijo de Dios.

Cristo asume que Pedro está aceptando la comisión, aunque el discípulo no dice nada. En fidelidad, el Señor quisiera que Su siervo contara el costo del discipulado. Más allá otea la muerte, y por su descripción, Pedro sabe que él morirá como el Señor murió, por crucifixión (vv. 18-19). Cristo glorificó al Padre por Su muerte. Pedro hará lo mismo. La muerte se transforma en un triunfo. Y no vendrá de inmediato, sino cuando Pedro sea viejo. Se le concede una visión de servicio aquí, antes del sacrificio final.

Haciendo volver a Pedro de los sueños del futuro a las necesidades del presente, Jesús inaugura una nueva era de trabajo, con la misma llamada que abrió la primera fase, hacía ya tres años: *Sígueme* (v. 19).

Entonces Pedro hizo algo muy humano. Desviando los ojos de Jesús, miró hacia Juan, su amigo familiar. Una pregunta surgió espontáneamente de sus labios. Estaba dispuesto a descubrir, si podía, cuál era el plan del Salvador con respecto a Juan (v. 21). Pero esto era un desvío de sus propias órdenes, y una intrusión en el secreto del lugar de Juan en los planes de Jesús. La respuesta de Jesús revela que Su voluntad para una vida puede ser muy diferente de Su voluntad para otra. Juan no vivió hasta la venida de Cristo (y Jesús no dijo que fuera a ser así), pero sí que vivió hasta una edad bien avanzada. La tradición nos dice que murió de muerte natural, después de una vida dilatada y llena de fruto.

El versículo 24 parece ser un respaldo del escritor por parte de los que le conocían personalmente. Ellos respetan el deseo de él de permanecer anónimo, pero enfatizan su cualificación. Su *testimonio* es *verdadero*. El escribe como testigo personal de las cosas descritas en este libro.

Finalmente, Juan vuelve a tomar la pluma para decirnos que los hechos de Jesús, registrados en este libro, son tan solamente una fracción del total. Pero, si todo se pudiera registrar, no cambiaría la historia, sino que solamente añadiría peso adicional al testimonio. Jesús ha sido ya suficientemente revelado. El escritor puede dejar reposar su pluma. El lo ha hecho bien. En cada alma creyente resuena, agradecidamente, un *amén.*

BIBLIOGRAFÍA

Barclay, William. *The Gospel of John (The Daily Study Bible)*. Filadelfia: Westminster Press, 2ª edición, 2 tomos, 1956.

Barrett, C. K. *The Gospel According to St. John*. Londres: S.P.C.K., 1955.

Bernadr, T. D. *The Central Teaching of Jesus Christ*. Nueva York: Macmillan and Co., 1982.

Dodd, C. H. *The Interpretation of the Fourth Gospel*. Cambridge: The University Press, 1953.

Dods, Marcus. *The Gospel of St. John (The Expositor's Bible)*. Grand Rapids: Wm. B. Eerdmans Publishing Co.

Godet, F. *Commentary on John Gospel*. Grand Rapids: Kregel Publications, 1978.

Hendriksen, William. *Exposition of the Gospel According to John*. Grand Rapids: Baker Book House, 2 tomos, 1953.

Hoskyns, E. C. *The Fourth Gospel*. Londres: Faber and Faber, Ltd., 2ª edición, 1947. Reimpreso por Allenson.

Howard, W. F. *Christianity According to St. John*. Londres: Duckworth, 1943.

Lenski, R. C. H. *The Interpretation of St. John's Gospel*. Columbus: Lutheran Book Concern, 1942.

Milligan, William y Moulton, William F. *Commentary on the Gospel of St. John*. Edimburgo: T. and T. Clark, 1898.

Reith, George. *The Gospel According to St. John*. Edimburgo: T. and T. Clark, 2 tomos, 1889.

Tenney, Merrill C. John: *The Gospel of Belief*. Grand Rapids: Wm. B. Eerdmans Publishing Co., 1948.

Westcott, B. F. *The Gospel According to St. John*. Grand Rapids: Wm. B. Eerdmans Publishing Co.